JN074177

パナソニックに学ぶ
IT業務システム
入門

津田　博・中川隆広 ［編著］
Tsuda Hiroshi+Nakagawa Takahiro

中央経済社

巻 頭 言

　商品・サービス，運転資金，オフィスや工場などの固定資産，そして人材と並んで，データは企業活動になくてはならない資源である。しかしながら，データはそのままでは価値を生まない。適切に分類され，整理されることで価値を生みだす「情報」に生まれ変わる。その役目を担うのが，企業の情報システム群である。

　かつての情報システムは，人間の手では時間がかかる大量の「トランザクション＝取引」を処理する便利ツールとしての役割が大きかった。しかし今は，それに加えてデータを情報に変え，さらには今よりもずっと大きな付加価値を生みだすための基盤としての役割を果たすことが期待されている。

　企業がお客様や社会に対して価値を生みだす仕組みを「バリューチェーン」と呼ぶことが多い。本書ではパナソニックグループの事例を用いて情報システムが企業のバリューチェーンでどのような役割を果たしているのかがわかりやすく解説されている。

　パナソニックグループは全世界で社員約24万人を擁し，連結子会社も含めると520社以上からなる巨大なコングロマリットである。しかし，一つひとつの事業を紐解いてみると，そこには開発・設計，調達，製造，販売，物流，さらには人事や経理などの管理業務といった基本的なバリューチェーンの機能があまねく存在し，それらを情報システムが支えている。

　パナソニックグループの事例を通して，普遍的な企業のバリューチェーンのあり方と情報システムの役割に関して理解を深めていただきたい。

　また，第11章ではバリューチェーン全体に関わる情報システムが，「企業変革」に際してどのような役割を担うのかが，パナソニックグループの事例を通じて紹介されている。DXという流行りの言葉の裏側でどのようなことが行われているのかを理解する一助になるものと信じている。

パナソニック ホールディングス株式会社

執行役員　グループCIO（チーフ・インフォメーション・オフィサー）

玉置　肇

緒　言

　本書を執筆するに至ったいきさつ（動機）を述べる。目的は「企業」の実態を知らない学生に，調達，製造，販売，物流などのIT業務システム（以下，業務システム）を解説することにある。企業は，顧客に安価で高品質な製品やサービスを適時提供するために，企業内部の業務プロセスを最適化している。個々の業務で専門性を高め，生産性を向上させるために「分業」する一方，業務プロセス全体の効率化のために，業務間の情報共有や連携を行っている。

　このような企業の業務システム全般を解説した書籍は，われわれの知る限りなく，世に出すことに価値を見出した。

　業務システムは，実践経験と広い見識を取り入れたベストプラクティスを学ぶことにより，実際的なスキルや知識を習得することができる。こうした認識のもと，世界のリーディングカンパニーであるパナソニック情報システム部門の各業務システム責任者に執筆していただけることになり，本書が刊行される運びとなった。

　この書籍は次の特徴を有している。

○企業活動の基本構造である調達，製造，販売，物流，人事，経理，法務，情報システム個々の機能と相互のつながりを解説している。

○「業務」と「情報システム」の両方に精通した執筆者によるものである。現場の課題を把握し，適切なシステムを構築し，あるいは，業務そのものを最適化してきた。本書はこれまでに培った技術やノウハウをまとめている。

○組織内のメンバーが互いに情報を共有・連携をしてどのように業務を遂行しているかを知ることで，部署間の役割分担や組織構造を理解できる。

○パナソニックグループの情報システムは，コンピュータ黎明期の1959年に導入してから，長期間にわたり経営に貢献してきたため，多くの知見が蓄積されている。

　このような内容は，実務経験のない学生に実践的な学びを提供できる。さらに，一般のビジネスマンにとっても有益な情報源になる。自社の業務およびシステムと本書を比較することにより自社の棚卸しができる。また，業務改革を検討する

際に，総合的なアプローチを取ることが可能になる。1990年代にブームが起きたBPR（ビジネス・プロセス・リエンジニアリング）や現在のDX（digital transformation）への取り組みにおいても自社の全体像を把握することが業務改革の第一歩である。

本書の構成

序章：情報システムの発展（一般的な情報システムの発展と業務の関係）

情報システムの歴史を知ることで，現在を理解し，将来を考えることができる。

第1章から第11章は，パナソニックグループの業務システムを解説している（各章の前半は導入部分として，一般的な業務システムを解説している）。

第1章：組織と業務（組織，業務システム，SCM，DWHとBI）

第2章：営業企画業務（マーケティング，Webサイト，ECサイト，サブスク）

第3章：受注業務（営業業務，生産管理業務，物流業務などとの業務連携）

第4章：生産管理業務（生産管理の目的と生産管理方式，PSI業務，MRP）

第5章：調達業務（調達業務，調達プロセス，サプライヤ管理，間接材調達）

第6章：物流業務（保管，荷役，包装，流通加工，輸送，情報システム）

第7章：経理・財務業務（財務会計，管理会計，一般会計，業績管理，予実管理）

第8章：人事業務（人事部門の役割，働き方，グローバル人事の取り組み）

第9章：法務業務（企業法務，契約・取引法務，コンプライアンス管理）

第10章：情報システム業務（システム企画，要件定義，システム設計，開発，PM）

第11章：パナソニックグループのDX事例

各章には，自学自習用として，また講義テキストとして利用されることを念頭に，「目標とポイント」と「学習課題」を提示している。課題を解くことによって理解を深めていただきたい。

第1章から第11章の関係イメージは次頁の図のとおりである。

これら章ごとの業務と情報システムを学ぶことで，様々な機能に関する基本知識を得ることができる。各業務は密接な関連のもとに，効率的・効果的に行われるが，パナソニックグループの一貫した事例により，実践的な洞察が深まる。

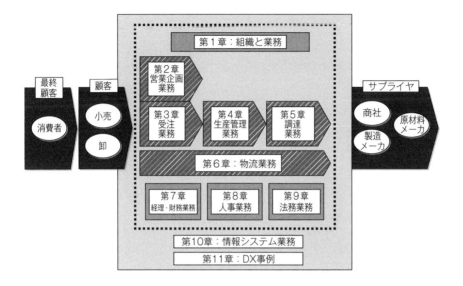

　本書のバリューチェーンは，製造業は共通しており，他業種においても応用可能である。流通業の調達，保管，輸送，販売などはその一部である。サービス業においても，サービス提供プロセスを分析し，品質の向上や効率化を図るための制度設計に応用できる。

　また，本書の対象読者層は，大学生のほか，経営者・管理者，コンサルタント，情報システム関係者，教員などを想定している。

謝　　辞

　本書は多くの方々の協力のもとに実現した。パナソニックグループで書籍執筆チームの運営および進捗管理をしていただいた柿本治美氏をはじめ近畿大学経営学部の学生，大羽彩佳氏，山田遼氏，林飛鷹氏にも協力を得た。最後に，中央経済社の納見伸之編集長には，本書執筆の趣旨に賛同し，その出版を快く引き受けていただいた。ここに深く謝意を表します。

2023年春

編著者

目　次

情報システムの発展

目標とポイント

◆ 情報システムは，情報技術の発展をベースに，過去から現在へ発展してきた。

◆ 情報システムは，部署内業務から組織内，組織間へと対象範囲を広げてきた。

◆ 情報システム利活用の事例を通して，各企業はどのような課題に対して，どう解決したかを理解する。

◆ 本章は，次章以降の現在の情報システムを理解する上で有効な基礎知識を与える。

1 情報システムの発展の変遷

本章では，コンピュータがビジネスに用いられ始めた時代（1950年代末）まで遡り，日本における情報システム変遷を辿る。すなわち，様々な情報技術が出現する中で，情報システムがビジネスにどのような役割を果たしてきたかについて鳥瞰する。

島田［2006］は，情報システムの進化を，発展段階の各段階を画する特徴的な変数を選んで統合的に捉えている。それによると発展段階は大きく「第1次情報システム（汎用機の時代）」（1950年代後半〜1970年代前半），「第2次情報システム（パソコンの時代）」（1970年代後半〜1990年代前半），「第3次情報システム（インターネットの時代）」（1990年代後半〜2000年代後半），2010年代前半以降は「第4次情報システム（ユビキタスネットの時代）」と設定できるとしている（**図表序-1**）。ここで，「ユビキタスネット」とは，「いつでも，ど

こでも，何でも，誰でも」ネットワークにつながる「ユビキタスネットワーク社会」が2000年代前半から構想されてきたことから名付けられた。その後の要素技術の進展等を背景として，現実化している。

図表序-1　情報システムの発展段階

	第1次情報システム（1950年代後半～）	第2次情報システム（1970年代後半～）	第3次情報システム（1990年代後半～）	第4次情報システム（2010年代前半～）
時代区分	汎用機の時代	PC（パソコン）の時代	インターネットの時代	ユビキタスネットの時代
目的	・省力化 ・コスト低減	・個人の情報処理能力向上 ・差別化	・新規事業（ネットベンチャー） ・最適化	・共生 ・安心・安全
業務とITの関係イメージ	業務 IT	業務 IT	業務 IT	IT以外が重要／ITが重要

注：各情報システムの時代区分は，前の時代から後の時代に切り替わったと捉えるのではなく，それぞれ前の仕組みに新たに積み重なったと捉える。
出所：島田［2006］の枠組みに追加・修正

　この発展は，大規模集積回路とネットワークの進化が下地となっている。
　大規模集積回路の製造・生産における長期傾向について論じた指標に集積回路上のトランジスタ数は，「毎年2倍になる」（Moore［1965］），その後修正し「2年で2倍になる」（Moore［1975］）というムーアの法則がある。実際に予測通りのことが起こり，コンピュータの処理能力は劇的に高まった。これを説明するのがCPUのトランジスタの数である。1974年に販売した世界初のパソコンと呼ばれるアルテア8800に使ったトランジスタの数は4,500個だった。これが1993年のペンティアムは310万個，そして2021年に発売された第12世代インテル®Core™シリーズは数十億個と初期の100万倍以上になっている。ムーアの法則にはCPUの単位面積当たりのコストが同じという経済的な指標も併せ持っているため，CPUの能力は高まりつつ，コストは飛躍的に低下していることになる。
　通信ネットワークは，コンピュートピア［1969］が公衆回線の利用実績につ

いて紹介している。業界ごとに最も早い導入例は次のとおりである。

- 1964年：国鉄（現JR）や日本航空の座席予約業務（50bps）
- 1965年：三井銀行の普通預金業務（200bps）
- 1966年：岡村工作所の在庫管理業務（200bpsおよび1,200bpsの併用）

2023年のインターネット回線では１Gbps以上の処理速度が提供されているため，100万倍，1,000万倍という単位でスピードアップしている。

CPUとネットワークの高速化，そしてコスト・パフォーマンスの継続的な向上が情報システムの飛躍的な進化をもたらした。

2　情報システムの時代区分ごとの特徴

2.1　第１次情報システム（1950年代後半〜1970年代前半）

第１次情報システムは，「汎用機の時代」とも呼べるもので，集中処理により企業内部の情報処理を主たる対象とした。「汎用機」は大型コンピュータと呼称されており，研究開発や会社の事務処理，データベースの構築など全方向で使用できるコンピュータという意味合いが込められている。

日本のコンピュータの研究・開発は，アメリカより10年遅れ，1950年頃より東大，電気試験所，電気通信研究所などの公共研究機関を中心に開始された。1959年に小野田セメントで会計処理に用いられ，1964年にみどりの窓口のオンラインシステムが完成し，翌1965年に三井銀行普通預金オンライン処理が開始された。その後も官民を問わず導入が進んだ結果，適用業務は，経理・財務，人事・労務，在庫関係にまで広がった。コンピュータ利用の直接的効果は，業務処理の迅速化（27.7％），業務処理の正確化（26.6％），人件費の節減（20.8％）との調査結果が出ている［日本経営情報開発協会，1969］。これらの効果は，「安楽早正」と表現されることがあった。手作業のIT化により，もっと安く，もっと楽に，もっと早く，もっと正しくできることを表現している。

業務と情報システムの関係について，当時は，コンピュータ室に出入りできるのはIT要員および関係者等限られた人のみで，企業内でも物理的に分離されていた。一般社員にとってコンピュータは「よくわからないもの」という存在であった。

運用方法は次のとおりである。各部門の依頼者が手書き伝票を起票し，電算部門に持ち込む。電算部門ではコンピュータで処理できるようパンチ室にて

カード穿孔機でパンチカードに穿孔し，それをコンピュータ（汎用機）で処理する（**図表序-2**）。そして，処理結果である出力帳票を依頼者が取りに来るという方法であったため，手間と時間を要した。

| 図表序-2 | 手書き伝票のコンピュータ処理プロセス |

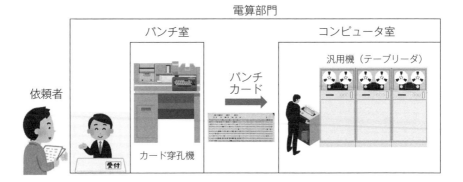

2.2　第2次情報システム（1970年代後半～1990年代前半）

　1980年のコンピュータ白書の序文によると，「わが国の実動コンピュータの設置数は，過去10年間におよそ11.1倍，平均年率27.8％増加し，1979年6月末現在61,687セットと，6万セットを超え，総額にして3兆3,150億円，GNP（国民総生産）のおよそ1.45％のコンピュータが稼動している」とあらゆる分野でIT化が進展したことを述べている。

　業務と情報システムの関係は，表計算ソフトの先駆けとなるVisiCalc（Visual Calculator：ビジカルク）が1979年に発売されたことで進展した。事務所内でも情報処理が可能となったためである。1980年代に表計算ソフトがインストールされたパソコンがビジネスで使われるようになり，1995年にWindows 95が登場したことで，広く普及することになった。

　表計算ソフト導入前は，電卓を使って表の縦の合計と横の合計を計算していた。それぞれの総合計が一致すれば1つの表集計が終了するが，一致しないと，再計算をしなければならない。企業では，商品別・支店別・日程別等多くの表計算処理が求められた。表計算ソフトを使えば，短時間に誤りなく計算できた。これによって1人1台パソコン導入の契機になった事業所は多い。

　表計算の対になるワープロは，当初手書きしたメモを見ながらワープロ専用機に入力するという「清書機」として使われた。その後，ワープロの利用は思考をまとめるための有効な道具だと認識されるようになった。

　これらのことにより，この時代は「PCの時代」と呼べ，個人が情報処理能力を発揮する時代になった。

　第1次情報システムから続くIT化は，集中処理に加えてPCを使った処理が可能となり，情報システムの利用は拡大した。

2.3　第3次情報システム（1990年代後半～2000年代後半）

　インターネットによって，個人がいつでも・どこでもつながる環境が形成され，多くのビジネスモデルが誕生した（**図表序-3**）。

| 図表序-3 | インターネットビジネスの例 |

	サービス名／事業名
電子商取引	アマゾン，楽天市場，テンセント
シェアリング・エコノミー	カーシェアリング，民泊
インターネット広告	動画サイト，SNS広告，アフェリエイト
オンラインゲーム	ソーシャルゲーム，モバイルゲーム
音楽配信サービス	定額制ストリーミングサービス

　インターネットを介して受発注や決済，契約などの商取引を行う電子商取引（EC：Electronic Commerce）は，ベンチャー企業を中心に相次いで創業した。アマゾンが1993年，楽天市場が1997年，テンセントが1998年創業である。

　新しいビジネス分野であるシェアリング・エコノミーは，一般の消費者がモノや場所，スキルなどを必要な人に提供したり，共有したりする形態のサービスを指す。シェアリング・エコノミーの到来は，2008年に設立されたエアビーアンドビー（Airbnb）とその翌年に発足したウーバー（Uber）からである。

　動画サイトで常に上位を占めているのは，2005年に創業し，グーグルによって2006年に買収されたユーチューブである。2023年には，世界での視聴時間は1日当たり10億時間，ログイン済ユーザは月間20億人以上といわれている。

　その他オンラインゲーム，音楽配信サービス等様々な場面に浸透している。このようにインターネットとパソコンの普及が，組織間，組織・個人間におけ

る情報共有の時間と距離を限りなくゼロにした結果，ITに大きなパラダイムシフトを起こした。インターネット以前を紀元前，インターネット以後を紀元後とする論者もいるほどである。

インターネットは，社員間のITリテラシーの習熟度も変えた。インターネットが普及する前は，先輩社員が新入社員に業務システムを通じて利用方法を教えていた。新入社員は業務システムの利用を通じてITリテラシーを身に付けた。IT利用は社内システムが中心であったためである。それがインターネットの普及によって逆転したのである。新入社員は，入社以前に電子メールやWebページ閲覧などを習得し，ワープロソフトや表計算ソフトも学んでいるからである。

第3次情報システムの時代は，誰もがITを使えるようになるとともに，業務処理に必要不可欠な道具となっていった。

2.4　第4次情報システム（2010年代前半～）

現在は，インターネットの時代に生まれたビジネスが進展するとともに，新たな形態も誕生した。インターネット時代に広がった「組織と個人」の関係に「モノ」が加わり，空間としてさらなる広がりを見せた。「いつでも，どこでも，何でも，誰でも」ネットワークにつながる時代の到来である。

それを象徴するIoT（Internet of Things）は，インターネットにつながる「モノ」の数が爆発的に増加している。

効率化から始まったIT化の目的も人間本来の欲求である「安心・安全」，それに「共生」が加わることになる。

「安全・安心」を追求するものに自動車の自動運転がある。人の運転と比較して事故率が大きく減少することで「安全・安心」につながる。共生については，人間がアバターを介してネット空間でコミュニケーションをとる世界であるメタバース（「Meta：超越」と「Universe：宇宙」を組み合わせた造語）に事例を見ることができる。2022年度には，メタバースで「ひきこもり」や不登校児の支援をする実証実験が自治体で行われた。また，障がい者が主催したメタバースのイベントに障がいの有無にかかわらず誰もが参加可能である。よって，共生社会への貢献が期待できる。

現在のITと業務は，もはや一体的に捉えることができる。ここでは，日本情報システム・ユーザー協会［2022］が行ったアンケート結果を紹介する。

それは，個々のビジネス課題とITの関与を調査したものである。業務を「経営課題のためITが重要」と「経営課題のためIT以外が重要」の２軸で評価している（**図表序-4**）。

図表序-4 喫緊の経営問題とITの関与度合

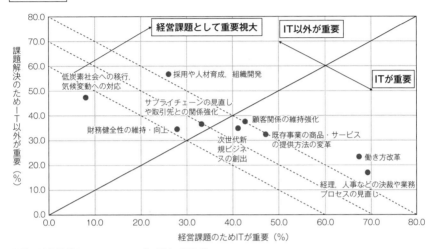

出所：日本情報システム・ユーザー協会［2022］

図表序-4によると，「課題解決のためITが重要」とみなされている割合の高い課題は，「経理，人事などの決裁や業務プロセスの見直し」の68.9％，「働き方改革」の65.8％であり，この２つが突出している。このようにITと業務の関与は一層密接な関係になってきた。

3 情報システム発展段階ごとの事例

第1次情報システムから第3次情報システムについて，情報システムがどのようなビジネス課題に対処してきたか，それぞれの代表例を紹介する（**図表序-5**）。

各事例は，それぞれの時代区分の初期の段階において，情報システムの発展を先導してきた。第1次および第2次情報システムは日本企業の事例，第3次情報システムは米国の事例である。

図表序-5 | 時代区分ごとの事例

時代区分	事例
第1次情報システム（1950年代後半〜）	国鉄（現JR）の「みどりの窓口」MARS
第2次情報システム（1970年代後半〜）	セブン-イレブンの「POSシステム」
第3次情報システム（1990年代後半〜）	在庫のABC分析とロングテール

3.1 国鉄の「みどりの窓口」

「みどりの窓口」で親しまれている国鉄（現JR）の座席予約システムMARS（Magnetic-electronic Automatic Reservation System：マルス）は，コンピュータが生まれたばかりの時代に日本で作られた電車の座席予約システムである。

それまで国鉄の座席指定席の予約は手作業で行われていた。**図表序-6**のとおり，各駅で申込みを受けた座席予約を中央の指定席管理センターに駅員が電話で問い合わせ，同センターの係員が台帳を確認して座席を割り振っていた。円いテーブルの周辺に台帳を収めて回転させ，該当する台帳を取り出して記帳する方式だった。台帳は100冊以上にもなり，回転速度は速かった。動態視力が良くなければ該当する台帳を抜き出せないばかりか棚に戻すのも難しい。

各駅からの問い合わせが集中すると，係員への電話がつながりにくく，また別の係員が台帳を使用しているために待たされるなど作業遅延が見られた。その結果，窓口に並んだ乗客が切符を手にするまで数時間から半日かかることも珍しくなかった。しかも各駅員と係員との電話連絡にミスもあった［杉浦，

2005]。

図表序-6 「みどりの窓口」開設以前の座席指定席の予約手順

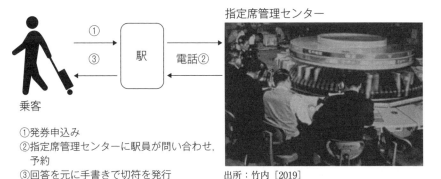

乗客

①発券申込み
②指定席管理センターに駅員が問い合わせ,
　予約
③回答を元に手書きで切符を発行

出所：竹内［2019］

　この問題に対処すべく，1958年，国鉄は当時世に出たばかりのコンピュータ導入を決定，日立製作所と世界初のシステム「MARS（古代ローマ戦いの神から取った）」を共同開発することになった。1964年に第1号機が誕生し，1965年にはオンライン座席予約サービス「みどりの窓口」がスタートした。

　MARSでは，予約から発券までのリードタイムはわずか数秒に短縮された。指定座席数は1965年には年間発券数が5,900万枚に達した。その後も進化を続け，現在では，1日平均の発券枚数は190万枚以上，端末台数も増加の一途を辿り，約6,500台の駅端末・みどりの窓口端末が接続されている。

3.2　セブン-イレブンの「POSシステム」

　中小小売業の経営環境は，コンビニエンスストア（以下，コンビニ）が生まれる前後で異なる。商品を店頭に並べれば売れた売り手市場から買い手市場への変化である。戦後間もない頃は食品中心の消費構造になっていたため，小売商店のおよそ半数を飲食料品小売業（各種食品店）が占めていた。1958年の商業統計によると各種食品店は65万店に上る。

　各種食品店は，家族経営等の商店が多く，**図表序-7**のような入出金管理を目にすることがあった。店内に「ざる」が天井からつるしてあって，その中に小銭を入れている。売上は「ざる」の中に入れ，お釣りはそこから出し，商品の仕入れ代金もそこから支払う。1日の売上は，はじまりと終わりの「ざる」

の小銭の差額に仕入れ代金を加えれば計算できる。こうした金の出し入れを「どんぶり勘定」と呼ぶ。メリットは収支管理の簡素化，デメリットは商品の個別収支がわからないことになる。売上は上がっても利益が出ない状態が続く可能性がある。これに対してレジスターを使えば，カテゴリー別の管理ができる。

図表序-7 売上管理の変遷

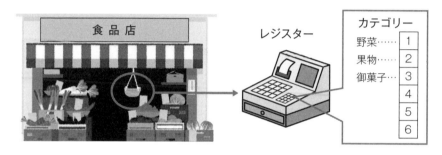

レジスターは，1950年代末のセルフサービス方式のスーパーマーケットの普及とともに利用が広がった。

その後，コンビニが誕生したが，当初からコンピュータによる管理をしていたわけではない。梅澤［2020］によると，1974年に創業したセブン-イレブン加盟店はベンダー（製造元）70社へ直接電話をして商品を発注していた。それを受けたベンダーは，受注票，出荷指図書，納品書，請求書を手書きで作成して出荷する。納入トラックが到着すると加盟店は納品，検品，品出しをする。こうした陳列作業をトラックの台数分実施していた。この膨大な作業を軽減するために，情報技術を用いた取り組みがなされた。1978年に「第一次店舗システム」がスタートした。それによって，発注番号のバーコード化を行い，加盟店・本部・ベンダーをネットワークで結び発注作業をオンライン化することができた。

さらに，1982年10月からはPOS（Point of Sales：販売時点管理）システムの導入を開始し，1983年2月に全店に配置した。当時は異業種間の公衆回線を利用したコンピュータ通信ができていなかったが，1985年の自由化により，「製・配・販」のネットワーク構築が可能となった。POSシステムは，小売店の商品が販売された時点の情報を管理するものである。情報発生源として，

POSレジで商品のバーコードを読むと，その売上情報は本部のコンピュータに送られ，本部では情報の収集・分析が行われる。そして在庫の補充が必要な場合は卸や商品メーカに発注を行う。卸や商品メーカは商品を配送センターに納品し，出荷指示に基づき店舗に配送される。POSレジでは，商品情報だけでなく，性別や年齢層が入力されることもあり，販売戦略にも使われる（**図表序-8**）。

図表序-8 | コンビニのPOSシステム

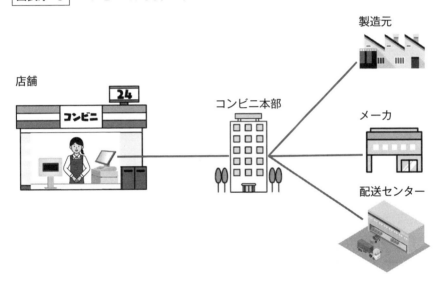

　POSシステムのメリットには，導入後すぐに得られるハードメリットと，POSデータを活用することにより得られるソフトメリットがある。ハードメリットは比較的容易に実現できるが，経営的に大きなメリットを生むのはソフトメリットである（**図表序-9**）。

　これらの結果，コンビニの発展は目を見張るものがあり，ATMの設置，宅配便店頭受け取りサービス，公共料金の収納代理業務，チケット発券など生活に密着したいくつものサービスが展開されることになった。記憶に残るのは，2011年の東日本大震災で社会的なインフラの一部として機能したことであった。

ハードメリット (その機器の利用 そのものから得 られるメリット)	レジ業務の省力化 精算の正確化，精算時間の短縮，チェッカー教育の容易化
	データ収集能力の向上 売上データ収集の正確化，迅速化，入力の自動化
	店舗運営の合理化 レジ管理の向上，現金の把握，値付け・値替え作業の省力化
ソフトメリット (POSデータを 活用すること により得られるメ リット)	店舗運営の適正化 在庫の把握，売れ筋・死に筋情報の把握，陳列の適正化
	資産回転率の向上 品切れ防止，過剰在庫防止，商品回転率の向上
	商品計画の適正化 顧客購買動向の把握，商品別粗利管理
	顧客管理の向上 顧客情報による適切な販売

出所：浅野［1992］を編集

3.3 在庫のABC分析とロングテール

　インターネット普及前の小売店の商品在庫管理と電子商取引における在庫管理の効果について比較する。

　在庫は，商品を保管するスペースや管理費用がかかる上，陳腐化により商品価値が下がるため，必要最小限必要な在庫になるよう管理している。在庫コストの削減や作業の効率化につなげる在庫管理方式として，ABC分析がある。売れ筋品目をAグループ，中程度の品目をBグループ，滞留品目をCグループに層別し，管理する方法である。

　ABC分析の生まれた背景や当時の反響を，服部［1969］は次のように述べている。「1951年にアメリカのGE社で開発されたABC分析は，品目の価値に応じた在庫管理方式である。この分析によると，年間または月間における消費または出荷金額の72.5％は，全品目のうちのわずか8％の品目で占められるという性質があることが発見された。この発見は，ニュートンが地球の引力を発見したと同じぐらい重要な発見である。ただし，72.5％または8％という数値は，一定でなく，ものにより差がある。」

　在庫管理の第一歩といえるABC分析は広く普及し，小売店も活用している。一方，Eコマースでは，郊外の倉庫にも多くの商品を在庫として持つことがで

きる。これまで「死に筋」と考えられてきた商品も，売上を積み重ねることで全体の売上に貢献するものである。これをクリス・アンダーソンは2004年に「ロングテール現象」という概念で提唱した（**図表序-10**）。

　典型例はアマゾンの書籍販売である。欲しい本を探す場合，リアル書店では見つからない場合も，アマゾンではすぐに見つけることができる。

　顧客の検索行動は，求めるテーマの本を探し，次に関連する本，そして次々に関連する本を芋づる式に探している。リアル店舗の場合，Ａグループの本しか在庫していない場合，次の検索作業が止まり，販売機会を失う。Ｅコマースの場合，Ａグループの本からＣグループ，そしてまたＡグループを検索するといった検索行動により販売機会が増える。

図表序-10　「ロングテール現象」イメージ図

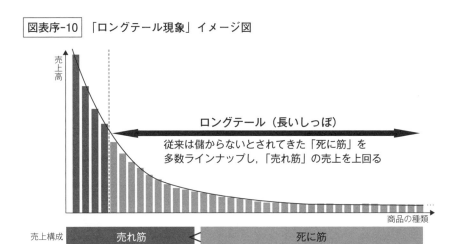

出所：総務省情報通信政策局情報通信政策課［2008］

4 製造業の情報システム発展

4.1 製造業の事務管理

　日本産業規格（Japanese Industrial Standards：JIS）の生産管理用語によると，「経営」（management）を，「経済的な目的を達成するため，財・サービスの生産・流通・販売・リサイクルを計画的に設計し，組織し，運用するための総合的な活動，またはその意識的活動形態」と定義している。生産は経営の基本機能であることがわかる。

　この経営の基本機能は，過去も現在も変わらない。それはコンピュータが普及する前の1967年に発刊された，『新事務管理ハンドブック』（小野編［1967］）の「事務と経営の業務との関係を示すモデル」で確認できる（**図表序-11**）。

| **図表序-11** | 経営の業務と事務の関係のモデル |

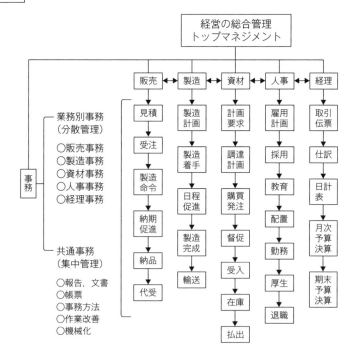

出所：小野編［1967］

14

　現在と異なるのは，資材の「督促」という行為である。コンピュータが出現する前は，顧客要求の日々の変化，不良品の発生，あるいは購買部品の納入遅れのため，生産スケジュールを常に保つことはできなかった。手作業では変化への対応が難しかったからである。そこで，資材担当者は，サプライヤに部品を発注しておき，納期は，あとで「督促」（資材の納入を催促）するという手段を取っていた。

　事務処理は，帳票を中心として行われる。帳票の作成，整理，あるいは新しい帳票への転記など，帳票に関する事務作業として記録される。帳票の流れを

| 図表序-12 | 帳票配分図表（購買関係伝票のフロー図） |

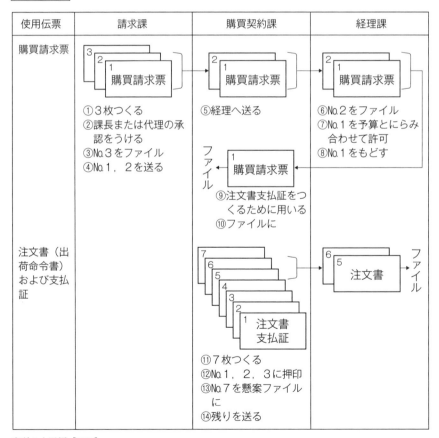

出所：小野編［1967］

示すために，事務処理フロー図を作成している。

　図表序-12は，購買関係伝票のフロー図である。請求課で課長または代理の承認を受け，購買契約課を経由して予算との照合を行った後，購買契約課で注文書を発行するものである。

　手書きの伝票作成は，労力を必要とし，しかも誤りを伴う。繁忙期には業務に間に合わなくなる可能性がある。複写枚数が多くなれば記入者が筆圧を強くしなければならず，そのため腱鞘炎になる心配もあった。

　手作業の伝票処理をIT化することで，より正確・迅速に各業務で必要とする帳票類が作成できた。人材の伝票からの開放という側面もある。

　しかし，当初はバッチ処理であった。1台のコンピュータに処理が集中するため，入力作業・検証作業および待ち時間を含めると，多大な時間を要した。この運用は，第1次情報システム（図表序-2）で紹介したとおりである。バッチ処理改善のため，順次オンラインリアルタイム処理に再構築していった。日々変化する現場での業務情報・管理情報を迅速に把握し，タイムリーに必要部署に届けることができた。このようにして，企業内のIT化が進展した。

4.2　サプライチェーンマネジメント

　IT化は，企業内だけでなく，サプライチェーンを構成する企業全体に対象範囲を広げていった。原材料の調達から生産，販売までを一貫したシステムとして捉え，全体管理志向の経営管理手法としてサプライチェーンマネジメント（以下，SCM）が1990年代から注目されるようになった。SCMをどう捉えるかはいくつかの見解がある。俊敏な経営，BPR（ビジネス・プロセス・リエンジニアリング）の最終目的，高度な企業連携を目的とするものがある。共通点として，部分最適でなく全体最適を志向すること，実際のオペレーションでは在庫の削減やリードタイムの短期化がある。

　部分最適の原因は，各部門がそれぞれの利益を優先することによる。販売部門は，売上拡大のために品揃えを多くし，顧客への短納期出荷のために在庫を多くすることを望む。一方の生産部門は生産効率向上のために大ロット生産をし，製品品種ごとの生産リードタイムは大きくしたい。この相反する要求を「組織の壁」と表現している。

　また，在庫過多の原因には，需要の変動やブルウィップ（Bullwhip：牛をうつ鞭）効果がある。実際の需要を共有化できていないために，実需の小さな変

動がサプライチェーンを遡る（さかのぼ）ことによって増幅するためである。**図表序-13**の例では，小売で3個受注した商品を発注するときは，品切れを恐れて1個プラスし4個発注する。卸でも同様のことを行うことによって数量が増幅する。

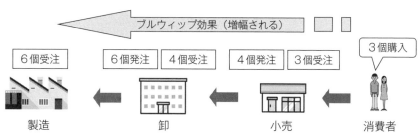

図表序-13　ブルウィップ効果のイメージ図

この改善には情報の共有化やサプライチェーンの各段階における適正な意思決定が必要である。この対策の1つにS＆OP（Sales and Operations Planning）がある。S＆OPは，販売実績（セールス）の情報を基にして事業計画を立て（プランニング），業務を実行（オペレーションズ）することである（**図表序-14**）。

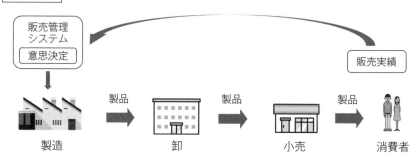

図表序-14　S＆OPの仕組みの例

販売実績から需要を予測し，より詳細な生産計画を立てることで，販売実績と計画のずれを早い段階で把握し，経営層の意思決定につなげる。

4.3 ERPパッケージの歴史

最後に1990年代後半に導入ブームが起きたERP（Enterprise Resource Planning：統合基幹システム）パッケージを紹介する。ERPは，その前身であるMRP（Material Requirements Planning：資材所要量計画）が起点である。1960年代に生まれた生産・調達計画手法MRPは，工場における在庫管理の方法として以前からの手作業をコンピュータに適用したものといわれている。手順は，基準生産計画，部品表，在庫情報の3種の情報をもとに，部品表の展開から正味所要量を計算することで，必要となる資材の生産・調達を計画する。

MRPは，その後周辺業務との連携をとる形で拡張されたMRPⅡ（Manufacturing Requirements Planning：製造資源計画）となり，その集大成としてERPが完成した（**図表序-15**）。

図表序-15 MRPからERPへの発展

	時期	適用範囲	企業活動	対象
MRP	1970年代	工場内	生産	資材
MRPⅡ	1980年代	企業内	生産とその周辺	生産活動に関わる物・機械・人
ERP	1990年代	企業内・企業間	企業活動全般	すべての経営資源

出所：中村［2000］に時期を追加

ERPは，購買，生産，販売，会計，人事などの業務を合理化する役割を担う（**図表序-16**）。ERPが生まれるまでの情報システムは生産，販売，購買などそれぞれが独立したシステムとして構築され，部分最適を実現していた。それに対し，ERPは全社的な業務最適化，グローバルスタンダードを目指している。

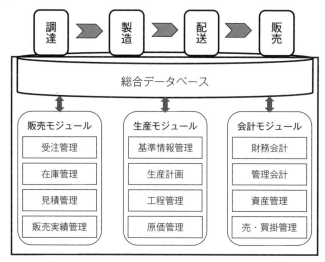

図表序-16 ERPの全体像

出所：中村［2000］

序章

情報システムの発展

📖 **参考文献**

- 浅野恭右編［1992］『POSシステム導入の基礎』日本規格協会。
- 梅澤聡［2020］『コンビニチェーン進化史』イースト・プレス。
- 小野寛徳編［1967］『新事務管理ハンドブック』ダイヤモンド社。
- 木暮仁「Web教材テーマ一覧」Webサイト
  http://www.kogures.com/hitoshi/webtext/index.html（2023年3月参照）
- コンピュートピア［1969］「データ通信をめぐる通信回線関係資料」『コンピュートピア 3（臨時増刊）』（29）コンピュータ・エージ社。
- 杉浦一機［2005］「みどりの窓口を支える『マルス』の謎」草思社。
- 総務省情報通信政策局情報通信政策課［2008］「ICTベンチャー・リーダーシップ・プログラムテキスト」総務省情報通信政策局情報通信政策課。
- 竹井和昭［2019］「みどりの窓口の予約システム『マルス』の開発史」『通信ソサイティマガジン』No.49夏号。
- 通商産業省産業政策局調査課［1978］『通商産業省年報昭和50年度』通商産業省産業政策局調査課。
- 日本経営情報開発協会編［1969］『コンピュータ白書1969年版』日本経営情報開発協会。
- 日本情報システム・ユーザー協会（JUAS）［2022］「企業IT動向調査報告書 2022　ユーザー企業のIT投資・活用の最新動向（2021年度調査）」JUAS。
- 日本情報処理開発協会［1980］『コンピュータ白書1980』日本情報処理開発協会。

●島田達巳［2006］「経営情報システム研究の変遷と展望」『経営情報研究』摂南大学経営情報学部。
●中村実［2000］「ERPパッケージが支える基幹業務システムの役割の変容（新時代の企業情報システム-ERP特集号）」『システム／制御／情報』第44巻第1号，システム制御情報学会。
●服部安晴［1969］「コンピュータのABCからMISまで」『コンピュートピア』3 (23)，コンピュータ・エージ社。
●Moore, G. E.［1965］Cramming More Components onto Integrated Circuit, *Electronics*, Volume 38.
●Moore, G. E.［1975］*Progress in Digital Integrated Circuits*, Proceedings of the 1975 International Electron Devices Meeting, Picataway, NJ: IEEE.

 学習課題 ─────────────────────────────

1．情報システム発展の各段階について情報システムに求められる役割について200字程度で述べなさい。
2．インターネット上で様々な機器や人がつながることで何が可能になるか，身近な事例を2つ挙げ，それぞれ100字程度にまとめなさい。
3．ERP導入のメリットを200字程度にまとめなさい。

企業における組織と業務，業務システムの全体像

目標とポイント

- ◆組織の基本構造は，機能別組織と事業部制組織に分けられるが，その構成要素が業務単位であり，その単位別に業務が行われている。
- ◆業務は制度設計とオペレーションに分かれており，両方を密接に連携し運用することで企業活動が成り立つ。
- ◆業務を行うために利用するのが，業務システムである。業務システムをうまく連携させることで，サプライチェーンなど企業活動の効率化ができる。
- ◆業務を効率化するためにデータ分析が有効である。企業は，多くのデータをDWHとして準備し，分析できるようにBIツールを用意している。

1 組織と業務

　企業における組織は，業務を効率よく遂行するために形作られており，業務権限の流れにより，機能別組織と事業部制組織に分かれる（**図表1-1**）。

　機能別組織は，社長傘下に，経理，人事，研究開発などの部門組織を一元管理する方式で，事業部制組織は，事業部長の傘下に，部門組織を一元管理する方式である。組織を構成する経理や人事などを部門といい，業務を行う単位となる。それぞれの部門が業務を遂行することで，企業活動が成り立っている。

　業務は，その組織が持っている役割，機能である。例えば人事部門の業務は，社員の給与基準となる賃金表の作成や福利厚生の制度決定など，ルールや基準を作成する業務や，決定した賃金表と福利厚生の制度と月々の勤務表に基づく給与計算業務などを行っている。人事の事例からもわかるように，業務は，

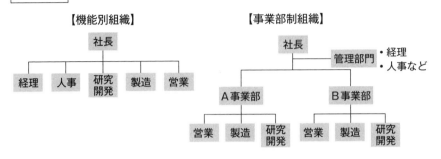

図表1-1　組織の基本構造

【機能別組織】

社長

経理　人事　研究開発　製造　営業

【事業部制組織】

社長

管理部門　・経理　・人事など

A事業部　　　　　B事業部

営業　製造　研究開発　　　営業　製造　研究開発

図表1-2　業務の分類

業務

制度設計業務　　　オペレーション業務

ルールや制度を決める制度設計業務と決めた制度やルールに基づき運用を行う，オペレーション業務に分かれる（**図表1-2**）。

　制度設計業務とオペレーション業務の関係を見てみると，事業戦略の実現に向けて制度設計業務が行われ，そこで決めたルールに基づきオペレーション業務が遂行される。遂行されたオペレーションの状況を確認しながら，非効率な点を改善するために，制度設計業務でルールを見直すことになる。

　部門で業務を行うために利用するのが情報システムである。人事部門で人事管理をするために利用するのが人事システム，経理部門で経理業務を行うために利用するのが経理システムとなる（**図表1-3**）。

　売上や利益などの目標を達成するためには，各部門が単独で活動するのではなく連携する必要がある。例えば利益拡大のために在庫を削減しようとすると製造部門，営業部門の業務連携が必要となる。これに合わせて関連する情報システムも連携が必要となる。このように，企業は，目的達成のために業務と情報システムを常に見直している。

図表1-3　部門と情報システム

部門	情報システム
経理	経理システム
人事	人事システム
製造	生産管理システム
営業	販売管理システム

1.1　バリューチェーンと業務

　広辞苑によると，組織は「ある目的を達成するために，分化した役割を持つ個人や下位集団から構成される集団」と定義される。また，チェスター・バーナードによると，組織は「2人以上の人間の意識的に調整された諸活動・諸力の体系」と定義している。2つの定義から，本書では組織を「目的を達成するために活動を行う2人以上の集団」と定義する。そして目的を達成するための活動が，業務である。

　マイケル・ポーターは，『競争優位の戦略』［1985］の中で，商品やサービスは，様々な価値が付加されて最終顧客へ届けられるが，その価値を付加する活動を「主活動と支援活動」と示した。この主活動と支援活動の1つひとつが企業で行う業務となる（**図表1-4**）。

図表1-4　マイケル・ポーターの価値連鎖

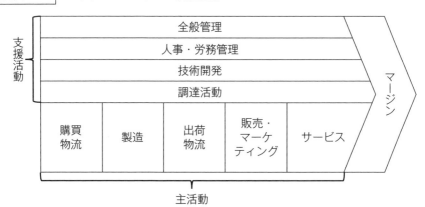

主活動は，製品の創造，それを買い手に販売し輸送する活動，販売後のサービスに関する業務である。支援活動は，材料の調達や技術開発など主活動を支援する業務である。主活動は直接業務，支援活動は間接業務と言い換えることができる。

　図表1-1の組織の基本構造に業務を当てはめると，購買物流と製造業務を担当するのが，製造部門，販売・マーケティングを担当するのが，営業部門などとなる。

1.2　業務と業務システム

　次に，事業部制組織を事例として組織ごとに，業務を行うためにどのような業務システムを利用しているのかを記載する。本書が対象とする範囲は，バリューチェーンの中心となり，業務を遂行するために情報システムが重要となる組織の業務システムである。**図表1-5**の下線箇所が対象となっている。

　本書では，第2章の営業業務と営業システムから順番に業務とそれを遂行するために利用している業務システムを説明している。営業部門では，年間の売上計画を達成するために，セールス担当者によって営業業務が行われていて，営業スタッフによる営業業務を支援するための営業企画業務などが行われている。

　これらの業務を行うために利用するのが業務システムである。業務システムは，対象の業務が効率良く行われるように作られていて，例えばセールス担当者が使う業務システムは，SFA（Sales Force Automation）と呼ばれ，日々の

図表1-5　**組織と業務システム**

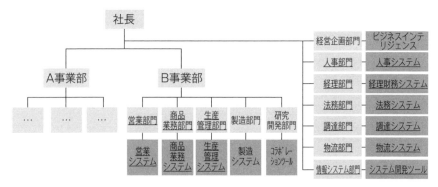

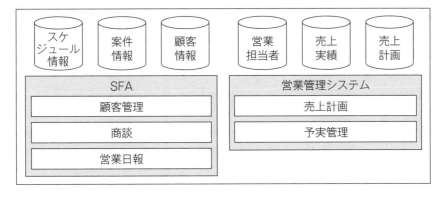

図表1-6　営業システム概要

営業活動の日報管理や営業活動により獲得した案件の商談管理，営業活動の相手先となる顧客管理などができる機能を持っている。

また，営業スタッフが使う営業管理システムは，過去の売上実績と営業部門の事業計画から営業担当者ごとに売上目標金額を割り振ることや，営業部門全体で売上計画に対する売上実績がどの程度達成しているのかを確認する予実機能を有している（図表1-6）。

業務は，組織が期初に立案する事業計画を達成するために，組織担当者によって日々遂行される仕事である。担当者が業務をいかに効率良く行うことができるのかが，計画達成のための重要な要素になる。そのために利用するのが業務システムとなる。すなわち業務は，担当者の活動と業務システムとで成り立っている。

先ほどの営業業務を例にすると，営業担当者は，毎日顧客を訪問する。その時に，新商品の紹介をしたり，顧客との件名の商談を進めたりする。事務所に帰った後に，SFAに，顧客への営業活動となる，商談した商品や金額，件名の内容などを入力する。システムに入力することにより，顧客の購入履歴の蓄積や営業日報の自動作成が可能となるので，営業担当者の事務作業が効率化できる。また過去のデータをシステムに蓄積しているので，顧客の販売分析や営業担当者の営業ノウハウの共有も簡単にできるようになる。これらの活動全体が営業業務となる（図表1-7）。

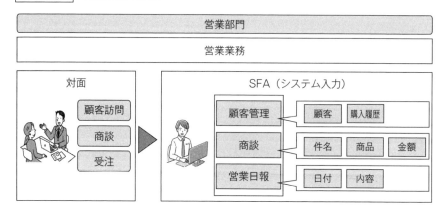

図表 1 - 7　営業業務全体像

2　業務および業務システム間の連携

　基本的に業務と業務システムはその組織内で閉じているが，企業活動全体で見ると，顧客に商品やサービスを提供するために，業務は連携されている。例えば，セールス担当者の営業業務の商談で顧客から受けた注文は，商品業務部門で受注された後に，物流センターから配送されて顧客へ商品が届く。商品が届いた段階で，売上計上されて，請求書が顧客へ届けられる。その後請求書に基づき代金の回収が行われて，顧客との一連の商品売買が完了する。これらには，営業部門，商品業務部門，物流部門，経理部門の業務システムが連携している（図表 1 - 8）。

図表 1 - 8　業務システム間連携

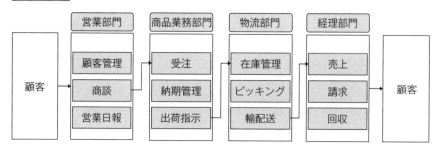

2.1 サプライチェーンマネジメント

　業務と業務システムの連携が拡大したものの1つがサプライチェーンマネジメントである。サプライチェーンマネジメントの定義は，「サプライチェーンにおける商品や物資の最適な供給を，計画し管理すること」である。これに関係する組織は，調達部門，生産管理部門，物流部門，商品業務部門，営業部門となる。

　図表1-9に提示したように，顧客からの注文は，営業部門と商品業務部門を経由して物流部門にある在庫が顧客へ届けられる。サプライチェーンマネジメントは，物流部門が管理する在庫を，顧客に対して品切れすることなく，しかも過剰に在庫を保有しないように，調達先から材料を仕入れて，タイムリーに製品を生産する役割がある（図表1-9）。

　これを実現するために，物流部門の在庫管理業務で管理される製品は，生産管理部門の生産計画業務によって生産量が決められる。製品を作るための材料は，調達部門が調達先へ発注した後に，生産管理部門の日程計画に基づき，調達先から仕入れを行い，工場へ供給される。調達先への発注量は契約に基づき事前に総量を決めている。工場で生産された製品は，生産実績として物流センターで在庫計上された後に在庫管理される。

　サプライチェーンマネジメントのデカップリングポイント（需要と供給バランスをとるための接点）である，物流部門の在庫を起点として，顧客からの注文に対して品切れが起こらないように，調達先からの材料調達や製品の生産計画や日程計画を適切に行うことで，製品や物資の最適供給を考えることが，サプライチェーン関連の業務として重要である。

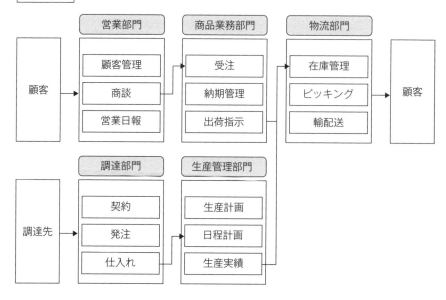

図表1-9 サプライチェーンマネジメントの業務全体像

営業部門	商品業務部門	物流部門
顧客管理	受注	在庫管理
商談	納期管理	ピッキング
営業日報	出荷指示	輸配送

調達部門	生産管理部門
契約	生産計画
発注	日程計画
仕入れ	生産実績

2.2 業務の遂行と改善活動

　以上のように，業務はそれぞれの組織で顧客に対して商品やサービスを安定供給するために日常的に遂行されている。顧客のニーズに対応するために日々の業務を遅延なく行うことが重要となる。一方，企業は自社の効率化や競合他社との差別化の観点で，人件費や在庫費用の削減や商品供給リードタイムの短縮などの改善活動も行っている。

　業務を担当する組織は，日常の業務安定運営と業務改善による効率化や差別化の2つの視点で業務を行っている。

2.3 サプライチェーンの改善活動

　図表1-10の受注登録，受注確認業務は，サプライチェーン全体から見ると，1つのプロセスとなっていて，このプロセスのつながりでサプライチェーン全体が構成されている。企業は，プロセス1つひとつを効率化する活動や，複数のプロセスをまとめて効率化する活動で，サプライチェーン全体の最適化を図っている。

　1つのプロセスを改善することを目的として詳細に見てみると，例えば，商

図表1-10 受注業務の詳細

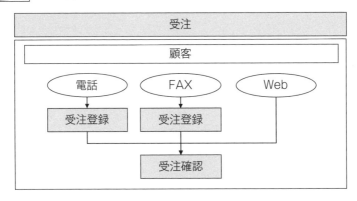

品業務部門で行っている受注業務は，図表1-10のように顧客からの注文に対して，受注登録，受注確認という業務を行っている。これを顧客からの注文形態ごとに見ると，業務の流れが違っている。

　電話やFAXで行われる注文に対しては，受注登録という業務が必要となるが，Webによる注文に対しては，受注登録がシステムで行われるために不要となる。電話やFAXで行われる注文では，2つの業務が必要となるが，Webで行われる注文では，1つの業務で良いことになる（図表1-10）。

　このように業務を比較すると，企業にとっては，Web受注に切り替わった方が，効率が良くなることが明確なので，Web受注に切り替えてもらうように顧客へ依頼することになる。このように業務全体をプロセスで鳥瞰し，効率化を図る改善活動を企業は行っている。

　以上のようにサプライチェーンの改善活動において，1つのプロセスを改善することは，比較的容易である。なぜならば，1つの組織内で業務が完結しており，問題点の発見と改善策の立案が，組織内で行うことができ，組織トップの意思決定で実行することができるからである。

　改善活動は，すべての業務が均等に削減されれば良いが，ある業務は大きく削減されるが，それにより別の業務は少し業務量が増えるという場合がある。他の組織を効率化するために自部署のコストが増加することを容認することは，組織トップの意思決定ではなかなか難しい。

　この場合は，より高位の組織責任者の意思決定で進める必要があり，昨今の

DX（デジタルトランスフォーメーション）は，まさにこのような取り組みといえる。

2.4　データウェアハウスとビジネスインテリジェンス

　組織は，改善活動を日々行っているが，この時に重要となるのがデータである。業務改善活動では，効果を定量的に求めなければ，改善活動実施の意思決定を行うことができない。先ほどの受注業務の改善活動では，受注登録処理が，1日何件あり，登録するための入力時間は何分かかるのか，そしてこれらの業務を何人で行っているか，などの実績データがなければ，受注登録業務の改善効果は，明確にならない。この値を求めるために使うのが業務データである。

　業務データは，業務システムから収集される。業務システムは，日常業務活動でデータが蓄積されているので，業務改善活動はその情報を利用することになる。改善活動に業務データを活用するために使うシステムがビジネスインテリジェンス（BI）である。

　データは，誰もが使えるようにDWH（データウェアハウス）というデータベースに集中管理している。利用者は，営業情報の分析をする場合は，営業システムから作られるデータを，在庫についての分析をする場合は，生産管理システム，物流システムから作られるデータを使って分析することになる。分析するための各種ツールおよび表示に関する機能はBIを活用することとなる（**図表1-11**）。

図表1-11　**業務データの収集とBI**

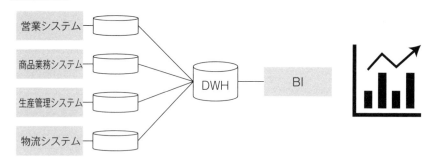

3　パナソニックグループの事例

3.1　組　　織

　パナソニックグループは2022年4月より持株会社に移行している。移行前は事業部制組織形態となっていたが，社内分社が再編され事業会社となり，合わせて本社に所属する専門機能組織も事業会社となり，パナソニック ホールディングス株式会社の傘下に配置された（**図表1-12**）。

　組織面での特徴として，事業会社の事業を行う上で必要となる制度やルールを決める制度設計業務は，事業会社の業務組織が行い，オペレーション業務は，パナソニック オペレーショナルエクセレンス株式会社が行う分業体制になっている。パナソニック オペレーショナルエクセレンス株式会社が担当する業務領域はマイケル・ポーターが示す支援活動を行う人事や経理，調達，物流，情報システムなどとなっている。パナソニックグループの事業領域，バリューチェーンは多岐にわたっているので，事業と密接に関係する制度設計業務は，事業側に配置し，オペレーション業務は，集中化することで，その効率化と高度化を進めている（**図表1-13**）。

| 図表1-12 | パナソニックグループ体制図 |

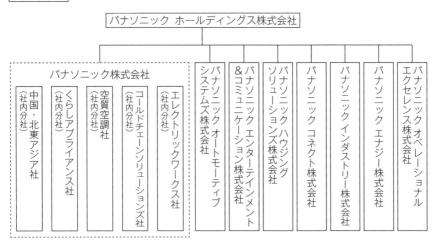

2022年4月1日時点の組織図

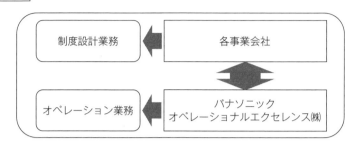

3.2　業務と業務システム

　営業業務や商品業務，生産管理業務などの主活動領域の業務は，事業を行っている業界や競合他社に対して競争優位なビジネス環境を作り，その環境の中でオペレーションを行っていく必要がある。よってビジネス環境を作るための制度設計業務とその環境下で行われるオペレーション業務は一体的に事業会社ごとに行われている。

　一方，その他の支援活動領域の業務は，前節のとおり，制度設計業務は事業環境ごとに違いがあるので，事業会社ごとに分かれているが，オペレーション業務は，効率化を図るためにグループで一元化している（**図表1 -14**）。

図表 1 -14　パナソニックグループでの業務分担

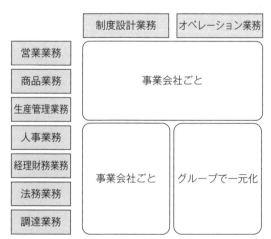

3.3　サプライチェーン関連業務システムの全体像

　パナソニックグループの業務システムは，図表1-14の業務分担に応じて配置されている。事業の主活動となる営業業務，商品業務，生産管理業務で使うシステムは，事業会社の特性に合わせて，サプライチェーンマネジメントの視点で効率的な業務ができるような機能になっている（**図表1-15**）。

図表1-15　パナソニックグループのサプライチェーン関連業務システム

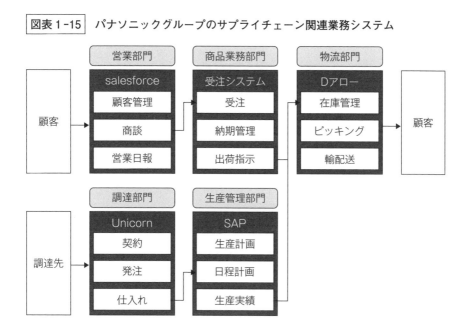

　サプライチェーン関連の業務システムは，図表1-15のような構造になっている。営業部門が使うsalesforceは，クラウドサービスのシステムとなっていて，主にエンジニアリングや部品事業などのBtoBビジネスを行う事業会社が利用している。顧客ごとに，商談の案件管理を行い，商談の進捗に応じて見積りなど営業活動を進化させ，契約まで管理する機能を持っている。ここで契約した案件が商品業務部門の受注システムへ受け継がれる。

　商品業務部門の受注システムは，BtoB，BtoCによって違いがある。BtoBビジネスは，商談から受注につながるので，商談の管理ナンバーや特別対応の商品番号や単価，そして，商品の納入時期に応じて，商品を生産して保管する必要があるので，これらの対応をするための機能が備わっている。

一方，家電などのB to Cビジネスは，カタログに掲載している標準品を販売するビジネスである。先の販売見込みを立てて，その見込み数に対して商品を生産して，在庫として品揃えを行う。家電量販店などの注文は，その在庫に対して引き当てし，納品するようなビジネスなのでそれに合った機能となっている。

物流部門が使う物流システム（Dアロー（Distributionアロー）と呼ぶ）は，事業会社によって違う受注システムと連携しており，受注システムからの出荷指示データが，在庫管理機能へ連携する。Dアローは物流センターの作業を管理する機能を備えており，工場から生産された商品を受け入れて，在庫管理を行い，その在庫に対して，受注システムから出荷指示が行われた時点で，ピッキング機能（商品を棚から取り出すこと）が動きそして商品を輸配送するための輸配送機能へと引き継がれ，顧客へ商品が届くまでを管理するシステムである。

調達部門が使う部品受発注システム（Opalと呼ぶ）は，生産する時に使う原材料を発注し，生産するタイミングまでに，仕入れる機能を持っている。パナソニックグループ全体で集中管理することで，ボリュームを大きくし，サプライヤとの価格交渉を有利にすることで，安価に購入することが目的となる。これを実現するために，Opalには，パナソニックグループ全体で原材料品番を一元管理する機能や，サプライヤへの一括発注と工場への納品機能を備えている。

生産管理部門で使うSAPは，クラウドのシステムとなっている。工場ごとに生産する商品が違うので，工程管理も違ってくるが，システムのパラメータの変更によって，機能を分けることができるようになっている。生産管理を行うシステムを生産管理システムというが，SAPは世界で最もよく利用されている生産管理システムである。生産管理で作る商品は，在庫となり会社のキャッシュフローに影響を与えるので，在庫回転率を上げることが重要となっている。

SAPの生産管理情報（生産能力など）と営業部門が立案する販売見通し情報と数年先までの販売予測情報，そして調達部門が保有する半導体などの長納期部品の調達計画などを入力として数年先までの販売計画，生産計画，在庫計画を，営業部門，生産管理部門，経営企画部門が共有することができるS＆OP（Sales and Operations Planning）と呼ばれる新しい機能が現在展開中である。

S＆OPの特徴は，処理スピードにある。生産管理部門や営業部門，調達部門がつかんでいる情報は，常に変化しているので，新しい情報で処理を見直し，結果を共有したいというニーズがある。S＆OPは，このニーズを満たした機能を提供している。

3.4　業務データの活用

パナソニックグループでは，これらの業務システムから生成させる業務データを活用するために，データを一元管理するシステムがある。データはオペレーション業務を効率化するために使う場合や，制度の見直しを行うために使う場合など多岐にわたっている。そのために，データベースは，明細レベルで管理しており，最小単位でデータ利用ができるようになっている。また，社内の情報以外に，大手量販店での販売データなどを外部のマーケティング会社から購入して活用している。

図表１-16は，家電領域で利用している業務データ基盤である。

業務データ基盤のデータを検索する時に活用するのが，BIツールで，クラウドサービスを利用している。営業担当者が出張先で，データを検索する必要があるので，タブレット端末やスマートフォンからも簡単に利用できるようになっている。データは機微（きび）な情報も入っているので，システムへのログイン

図表１-16　業務データ基盤の概要

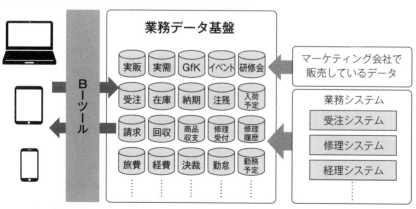

※GfK：量販店の販売データの販売会社

は生体認証を導入しており，セキュリティ面でも安心して利用できるようになっている。

　また経営幹部層も，同じ情報を使ってデータを共有している。特に販売情報など定期的に確認が必要なものは，定型のテンプレートが用意されており，素早い操作で情報収集が可能となっている。

📖 参考文献

● 安藤史江・稲水伸行・西脇暢子・山岡徹［2019］『経営組織』中央経済社。
● マイケル・ポーター［1985］『競争優位の戦略』ダイヤモンド社。
● 三好康之［2022］『ITエンジニアのための業務知識がわかる本〔第5版〕』翔泳社。

🔍 学習課題

1．業務を効率化するためのデータ活用について，どのようなデータを使えば効率化できるのかを述べよ。
2．企業における業務システムの全体像と業務間を連携する機能を書きなさい。

第2章

営業企画業務

目標とポイント

◆営業企画業務は，マーケティング業務と営業業務との連携がある。営業企画業務は，それぞれの業務を支援する活動を行っている。

◆営業企画の支援業務には，マーケティングや営業で必要となるWebサイトの提供がある。

◆営業企画が提供するWebサイトには，商品サイト，サポートサイト，会員サイト，ECサイトがあり，それぞれ顧客の利便性を上げるためにユーザインタフェースやユーザエクスペリエンスの統一を行っている。

1 営業企画の概要

1.1 ミッションとバリュー

営業企画のミッションは，自社の商品やサービスの売上やシェアの向上，販売利益の確保，そして優良顧客（ファン）を増やし顧客との関係を維持発展させていくことである。売上金額／シェア／販売利益額／優良顧客数等の経営目標を示し，関係先を巻き込みながら目標を達成していくことが使命となる。

次に，営業企画のバリューは，P（Plan）−D（Do）−C・A（Check・Action）サイクルに沿って表現することができる。Pは経営目標達成に向けた販売戦略の立案である。例えば，マーケティング方針として「ブランドの認知度を高めるため，ブランドの価値や品質を訴求するCMを通勤顧客向けに電車内ビジョンへ集中投下する」，営業計画として「20代女性向けの美容家電のシェアを20％へ拡大するため，量販店頭の間口を広げ，対面販売を強化するための体制

を整える」といった，何のために（Why），いつ（When），どこで（Where），何を（What），誰に（Who），どうする（How）という点を明確に示し，具体的な方針と共に数値目標を伴った計画へと落とし込んでいく。Dは戦略の実行を支援することである。営業企画が自ら戦略を実行するのではなく，責任と専門性を持つ関係先での戦略実行をライン業務サポートや業務プロセス改善等の観点で支援する。C・Aは実行した「結果の見届けと対策」である。事業年度を通してP-D-C・Aサイクルを実践し活動を総括した上で，事業環境や経営戦略との整合を図り，次のPとなる新たな「戦略と計画の立案」へと続いていく（**図表2-1**）。

図表2-1 営業企画のミッションとバリュー

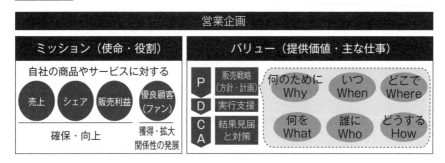

1.2 マーケティングおよび営業との関係

「マーケティング」と「営業」は，営業企画と共に，商品やサービスの「販売」に関わる業務機能である。営業企画と「マーケティング」，「営業」の役割や業務の違いを**図表2-2**に定義している。

営業企画の業務は，マーケティングや営業に関する販売戦略（方針や計画）の策定，実行支援，実行結果の見届けを行うことである。

一方，マーケティングの業務は，マーケティング戦略の実行であり，例えば，「ブランディング」や「市場調査分析」「広告プロモーション」といった内容や，「顧客管理」として，優良顧客（ファン）を獲得し，そして拡大しながら関係性（エンゲージメント）を深めていくことである。

次に，営業の業務は，営業戦略の実行であり，案件に対して，受注前の「商談／見積／提案」，受注時の「受発注／納期回答／在庫管理」，発注後の「納品

／売上／請求／売上回収」といった内容や，「営業実績管理」として，売上金額の数値目標を達成していくことである。

　※なお，本書では，販売行為そのものを示す場合のほか，マーケティングと営業の両方の業務を表す場合にも「販売」という言葉を使っている。例えば，「販売」戦略とは，「マーケティング」戦略と「営業」戦略の両方を含んでいる。

図表2-2　営業企画と，マーケティング／営業との関係

1.3　戦略の立案

　次に，営業企画の重要な業務のひとつ，販売戦略立案に使う，バックキャスティングについて説明する（**図表2-3**）。バックキャスティングとは，目標とする未来の姿を描き，その姿を具現化する道筋を，現時点へと遡ってシナリオを作成していくことである。これは，マーケティング戦略や営業戦略を立案する場合だけでなく，戦略の実行や結果の見届けと対策といった日常業務を支援する情報システムの戦略立案にも必要となる重要な考え方である。事業会社の場合，未来の姿が「長期的な事業戦略目標」となり，道筋が「中期計画」，シナリオは詳細な事業年度の「販売戦略（事業方針や実行計画）」となる。

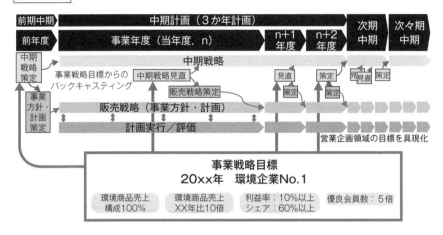

図表2-3 バックキャスティングのイメージ

1.4 実行支援

　営業企画の実行支援とは，マーケティングや営業業務を支援する活動で，マーケティングの顧客管理を行うための顧客管理システムを提供することや営業活動で使う商品紹介のWebサイトやデジタルコンテンツを提供することである。

　これにより，マーケティングや営業活動で，顧客管理や商品情報の一元化がITでできるようになり業務の効率化や品質向上が図れる。

　またインターネットやスマートフォンなどのデジタル機器の浸透により，顧客とダイレクトにつながることができるようになったので，営業が接点を持たない顧客に関してもEC（Electronic Commerce）で商品の販売ができるようになった。ECの運営により売上金額を上げることも営業業務の実行支援業務である。

2　パナソニック国内家電における営業企画業務

　営業企画の重要な業務である，実行支援について，パナソニックの日本地域の家電を事例に説明する。

2.1　営業企画業務の特徴

　パナソニックの家電の商品カテゴリーは，エアコンや冷蔵庫，洗濯機，掃除機，電子レンジといった白物家電（生活家電ともいう）分野，テレビやレコーダー，デジタルカメラ，オーディオ機器といった黒物家電（娯楽家電ともいう）分野，ドライヤーや美顔器，マッサージ器，血圧計といった美容・健康家電分野，照明や温水便座，換気扇，エコキュートといった住宅家電分野に分けられる。その中には，購入してすぐに使えるものもあれば，設置工事が必要な商品もある。

　また，新商品が発売される季節的な時期やサイクル，ターゲットとする顧客や地域に対して特徴のある商品が存在する。営業企画業務では，こうした商品特性を理解した上で業務推進することが重要となる。

図表2-4	販売物流の概要と関連業務の関係

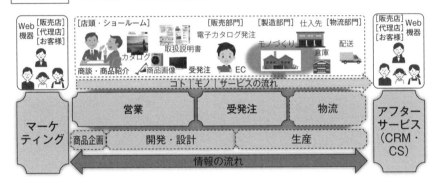

　次に，パナソニックの家電における販売，物流の概要と営業企画との関係を，**図表2-4**を使って説明する。図の上段はコト・モノ・サービスの流れを示す。顧客（販売店・代理店・お客様）へのアプローチから始まり，店頭やショールーム等での商談や商品紹介，販売部門での受発注，製造部門や物流部門と連携し商品を顧客へお届けし，サポート部門でのお客様サポートや商品保守まで続く。

　下段はその流れを支える業務であり，マーケティング業務から始まり，販売機能と開発製造それぞれの軸が連携しながら，販売機能の軸では，営業業務～受発注業務～物流業務とつながり，開発製造の軸では商品企画業務～開発・設

計業務〜生産業務とつながり，顧客へお届けした後のサポート業務まで続く。

　この中の，マーケティング業務，営業業務，アフターサービス業務が，営業企画として支援する業務となっている。

　次に，マーケティング業務，営業業務，アフターサービス業務に対して営業企画からどのような情報システムを提供しているのかを記載する。

2．2　Web&Digitalの取り組み

　パナソニックでは，顧客（ユーザ）エクスペリエンス最大化を目指し，Web&Digitalと呼ぶ取り組みを行っている。「顧客エクスペリエンス」は，「顧客体験」であるが，この取り組みの狙いは，顧客が商品やサービスを購入する前後（商品選び〜購入〜お届け〜利用〜アフターサービス活用）の顧客接点全般にかかわる様々な体験で満足度を高め，優良顧客として企業側とつながり続けていただくことにある。

　この狙いを実現するために，あらゆるコンテンツ，データを「作る」「溜める」「活用する」の切り口で，システム作りに取り組んできた。

図表2-5　Web&Digitalの取り組み概要

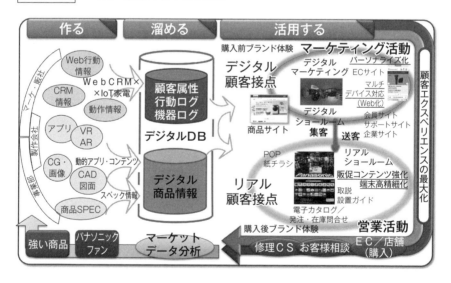

Web&Digitalの取り組みの核となるのがデジタル商品情報からなる「デジタルDB」である。顧客が，パソコンやスマートフォンなどの様々なデバイスから，必要な商品情報を検索できたり，商品の使い方がわからなかったときに動画で操作方法を説明したりする時に利用できる商品情報コンテンツを一元的に管理するデジタルDB（データベース）の整備を続けている。毎年新商品が発売されるので，効率良く商品のデジタル情報を作る必要がある。そのため製品設計で利用している3DCADの情報から不要な情報を切り取り，外観などの必要な情報だけにする変換技術を使って自動的に作る方法も活用して素速く情報を蓄積している。

これら，デジタル情報を活用したVR（Virtual Reality）やAR（Augmented Reality）といったスマートフォンやタブレットで動作するアプリケーション（アプリ）とそのコンテンツも積極的に作成している。

営業企画が提供しているWebサイトは，利用者がどのような順番でWebサイトを閲覧したのかを，行動履歴データとして蓄積している。このデータは，顧客がどのような商品に興味があるのかを知るための顧客分析に活用している。

2.3　マーケティングとアフターサービスを支援するWebサイト

家電のマーケティングとアフターサービスで活用しているWebサイトに「商品サイト」「サポートサイト」がある。これらのWebサイトは，顧客にパナソニックの商品を知ってもらい購入に結び付けることや，商品を購入していただいた顧客からの商品の使い方の問い合わせに答え，商品の修理申込みに対応する機能を持っている。

いずれも，顧客とのデジタルでの接点となるため，それぞれのWebページのユーザインタフェースは統一しており，画面の操作や画面遷移に関してもユーザエクスペリエンスの観点から統一感を持たせる工夫をしている。

(1)　商品サイト

顧客向けの商品サイトは，商品を探すための商品カテゴリー一覧やキーワード検索機能があり，商品に関する様々な情報を得ることができる。商品の主な機能やおすすめポイント，商品特性や寸法図，関連するキャンペーン情報など，お客様にとって購入の後押しとなるようなコンテンツを提供している。

また，カタログや取扱説明書の電子データダウンロードをはじめ商品によっ

てはVRやARを使った，ご家庭の設置場所のイメージがスマートフォンやタブレットから見ることができる（**図表2-6**）。

図表2-6 **商品情報サイト**

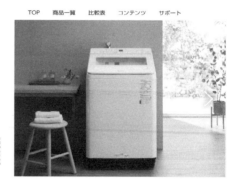

(2) サポートサイト

　家電製品の取扱説明書やよくある質問，修理相談や申込み，問い合わせに対応するサイトがサポートサイトである。このサポートサイトからは取扱説明書のダウンロードや，家電機器の最新ソフトウェアのダウンロード，AIによるチャット相談，修理の申込みができるようになっている。

　商品に関する問い合わせに素早く答えられるように，よく見られている質問内容を優先して表示するなど，利便性の向上を図っている。また消耗品に関する問い合わせに対しては，本サイトから消耗品の購入サイトへすぐに遷移できるようになっている。

2.4　営業を支援するWebサイト

　営業業務を支援するために，商品を購入した顧客に対して，購入後もサービスが提供できるように，会員サイトを設けている。また店舗での購入以外に，ECで購入ができるように専用Webサイトを設けている。ここでは，既存の流通ルートでは販売していない商品やサブスクリプション販売で商品を購入することができる。

(1) 会員サイト（CLUB Panasonic）

　会員サイトでは，登録した顧客に対して会員No.を付与している。会員No.をキーにして，会員情報の管理，購入履歴の管理，保証書管理，ポイントの管理等を行っている。

　この会員IDは，インターネットに接続して，外出先からエアコンを作動させることや，録画したテレビを視聴できるIoT家電のアプリを使うときのログインにも使用するようになっており，パナソニックが提供するWebサイトやアプリの統一したログインIDとなっている。

　商品の梱包に印字しているQRコードを読み取ると，自動的に会員サイトへ購入した商品を登録する機能があり，この情報を使って購入した顧客に対して商品の便利な使い方などの情報発信を行っている。

(2) ECサイト（Panasonic Store Plus）

　インターネットから商品を購入したい顧客向けに提供しているWebサイトが，Panasonic Store Plusである。このサイトは，検索エンジンやSNSに掲載するネット広告と連動しており，商品に興味を持った顧客を，ECサイトへ誘導する集客機能がある。

　Panasonic Store Plusへ誘導した顧客には，知りたい情報がすぐにわかる商品検索やチャットによる相談，VRによる操作性の確認，ユーザレビューなど，商品のイメージをネットでもわかってもらえるようなサービスを提供することで，購入につなげている。

　また，このサイトには，商品をサブスクリプションで購入することも可能となっている。高額商品を毎月定額で利用できるサービスである。月々定額で，沢山の商品を利用したい顧客を対象にしたサービスである。一定期間だけ商品を使いたい場合や，試しに使ってみたいなどの利用も多くなっている。

　ECサイトと受注システムは連動しており，ECサイトで購入処理されたデータは，家電の受注システムへ連携され，受注処理が行われた後に，物流センターから出荷され宅配業者で配送される（**図表2-7**）。

図表2-7 Panasonic Store Plus

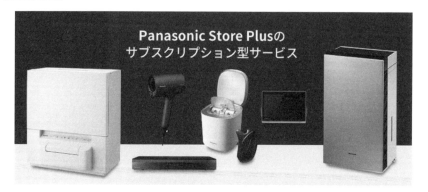

月額利用で気軽に始めていただけるサブスクリプション型サービスです。
「使ってみたいが使いこなせるか分からない」「購入したが使いこなせない」
「効果があるのかまず試してみたい」という方におすすめです。

📖 参考文献 ────────────────────────

● 日本能率協会コンサルティング編著［2007］『新社会人のための営業企画のしごと―わかる！できる！グングン伸びる！』日本能率協会マネジメントセンター。

🔍 学習課題 ────────────────────────

1．営業企画業務が行うマーケティング業務や営業業務に対する支援活動について述べよ。
2．顧客に対して商品利用体験がWebサイトからできるようにするための技術を挙げ，顧客に対してどのような価値を与えるのかを述べよ。

第3章

受注業務

目標とポイント

◆受注業務は，営業業務，生産管理業務，物流業務，経理業務など多くの業務と
連携していることが特徴である。

◆パナソニックグループの受注システムは，事業領域によって適切に分かれている。

◆受注システムDXは，AIなどを活用して行えば大きな効果を生む。

1　受注業務の全体像

　受注業務は，量販店や販売店，代理店などの顧客から注文を受けて，納品す
るまでの業務である。商品業務部門が担当しており，顧客マスタ登録や価格マ
スタ登録，件名受注と一般受注（**図表3-1**），生産調整，納期管理，出荷指示，
品揃え管理のオペレーションで構成されている。

　また受注業務は，営業部門，物流部門，生産管理部門，経理部門と連携して
いるので，企業における販売活動の中心を担う業務といえる（**図表3-2**）。

図表3-1　件名受注と一般受注の説明

件名受注	①量販店が催事やイベントで特別販売をするときの注文を受ける。 ②新しいビルを建築するときに一括して注文を受ける。 ③賃貸住宅一棟をリノベーションするときに一括して注文を受ける。
一般受注	①量販店が，店舗在庫を補充するための注文を受ける。 ②代理店が，自社品揃え商品の在庫補充をするための注文を受ける。

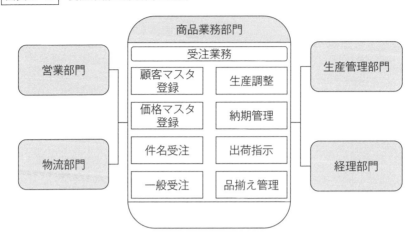

図表3-2　受注業務と部署間の連携

1.1　営業部門と商品業務部門の業務関連

営業部門と商品業務部門の業務関連は，**図表3-3**のようになる。

図表3-3　営業部門と商品業務部門の業務関連図

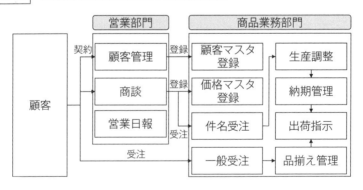

　営業部門では，顧客管理，商談の各オペレーションが受注業務と関係している。顧客管理は，新規顧客の開拓や現在の顧客の売上などの状況確認である。新規顧客は取引契約が交わされた後に顧客管理が始まる。顧客情報は，商品業務部門に受け渡されて，受注システムの顧客マスタ登録が行われる。顧客マス

タには，顧客の名称や商品納品先の住所などが登録される。

　商談は，取引契約を交わした顧客に対して，商品の販売価格を交渉する。商品の販売価格は，同一商品でも，件名受注と一般受注で違いがある。商談で取り決めた，一般受注の販売価格と件名受注の販売価格は，商品業務部門へ受け渡され価格マスタに登録される。

1.2　生産管理部門と商品業務部門の業務関連

　顧客からの件名受注の生産調整や，一般受注向け商品の品揃え管理などで商品業務部門と生産管理部門は連携している。**図表3-4**は，生産管理部門と商品業務部門の業務関連図となっている。

図表3-4　生産管理部門と商品業務部門の業務関連図

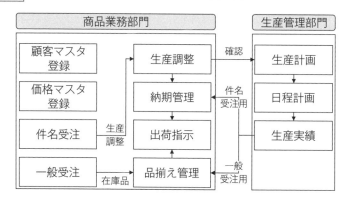

　生産管理部門で行う生産計画業務は，営業部門の販売計画情報に基づき生産計画と日程計画を立てる（第4章を参照）。生産計画は，翌月の生産量を決める業務であり，日程計画は，生産計画で決めた月間の生産量を日別に分割する業務である。在庫削減の観点から，生産計画は翌月の生産量を決めることから2週間先の生産量の決定または1週間先の生産量決定へと，より短期間の決定に切り替わってきている（**図表3-5**）。

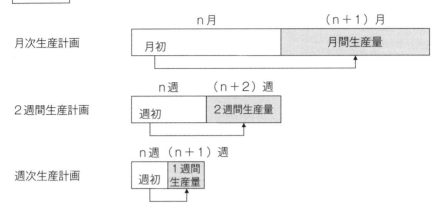

生産計画は，販売計画情報に基づき品番別の生産量を決めている。件名受注があった場合，受注した品番と数量が，生産計画数をオーバーしていることがないかを確認する必要がある。生産計画の品番別生産量から件名受注の数量を差し引きして残った量が，一般受注に使える量となる。工場で生産され物流センターに入庫した後に，件名受注分は，顧客の納期が来るまで納期管理される。また，件名受注分以外は，一般受注分向けとして品揃え管理される。

1.3 物流部門と商品業務部門の業務関連

物流センターでは，在庫管理を品番別に行っており，件名受注を管理する納期管理と一般受注向け在庫を管理する品揃え管理と連携している（図表3-6）。

一般受注は，品揃え管理で在庫を確認して，在庫があれば出荷指示を行い，物流センターの在庫管理へ出荷指示データを受け渡しする。その後物流センターで，ピッキングが行われ配送される。

件名受注は，納期管理により納期が来た時点で出荷指示を行い，一般受注と同様に物流センターへ出荷指示データが受け渡され，ピッキング，配送が行われる。

図表3-6　物流部門と商品業務部門の業務連携図

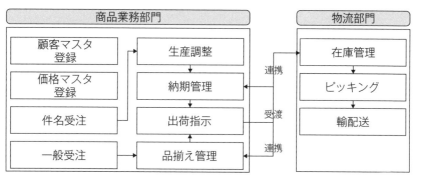

1.4　経理部門と商品業務部門の業務関連

　受注業務の出荷指示データが，経理部門の売上処理へ受け渡され，顧客への請求書を作成する請求処理と現金を回収する回収処理へつながる。会社の商品売上が，出荷基準となっている場合の事例である（**図表3-7**）。

図表3-7　経理部門と商品業務部門の業務連携図

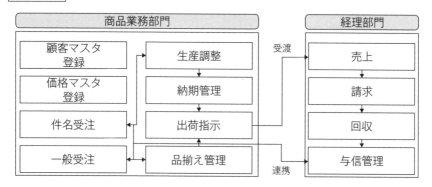

　経理部門と商品業務部門の業務連携として，与信管理がある。どれだけ顧客が信用を持っているのかを管理するのが与信管理である。営業部門と経理部門で販売限度額を設定するが，設定した金額は，受注業務でチェックしており，販売限度額以上の受注はできないようになっている。

　販売限度額は，経理部門で行う請求業務で，売掛金に計上された金額から回

収できた金額を減算して求められる。与信管理は適切に行われていないと会社の経営に大きな影響を与える可能性があるので，重要な業務となっている。

2　商品問い合わせ

受注業務は，顧客からの注文を処理する以外に，商品に関する問い合わせに回答する業務もある。商品に関する問い合わせには，①在庫や納期に関する内容，②価格に関する内容，③商品の外観や形状や重さ，性能などに関する内容の3つに分類することができる。

在庫や納期に関する内容と価格に関する内容は，一連の受注業務の中で問い合わせを受けるが，外観や形状や重さ，性能などに関する問い合わせは，顧客のビジネスのいろいろな場面で必要となる。そのために，商品カタログを顧客に配布して，それを見てもらうことになる。しかし別の商品との比較や過去の商品の代替品など，カタログからは読み取りにくい情報については，商品業務部門が，直接問い合わせを受けることになる。このような問い合わせに必要な情報は商品企画部門からデータ提供を受けることになる（**図表3-8**）。

図表3-8　**商品問い合わせに関する業務**

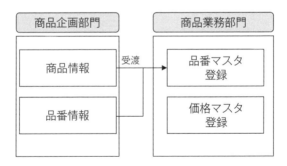

商品企画部門は，新商品のデザインを行うときにCADを使うが，CADには，外観や商品の縦，横，高さの形状が入力されている。その情報を商品業務部門の受注システム内の品番マスタにデータ連携することで，顧客からの問い合わせに対応できるようにしている。また，新商品を発売する前には，新しい品番を採番する。過去からのシリーズ商品ならば後継品としての登録を商品企画部

門で行っているので，その情報も商品業務部門へデータ連携することで，後継の代替品問い合わせにも対応できるようになる。

3 受注システム

　受注システムは，1960年代にアメリカからホストコンピュータと呼ばれる汎用コンピュータが導入された頃に，最初にシステム化の対象となった領域である。その後，多くのシステム機能が追加されるとともに，システムのベースがインターネット化され，受注業務の省人化に寄与していった。

　受注システムの機能は大きく分けて３つある。１つ目は，顧客から注文を受けるインターフェース機能，２つ目は，受注を処理する機能，３つ目は，物流システムや生産管理システムと連携する機能である。

　顧客とは，インターネットを経由して受注システムとつながっている。受注システムは，データセンターに設置しており，生産管理システムや物流システムとデータセンター内の回線で接続している（**図表3-9**）。

図表3-9 受注システム全体像

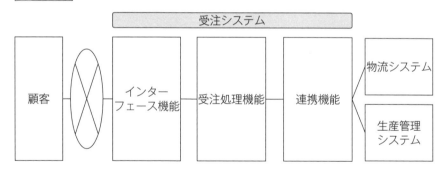

3.1 注文を受けるインターフェース機能

　注文を受けるインターフェース機能は，３つに分けられる。１つ目は，顧客のシステムから注文データを受け取るEDI（Electronic Data Interchange）機能，２つ目は，顧客と受注システムの間で，アプリケーション会話を行うAPI（Application Programming Interface）機能，３つ目は，顧客に対して，自社

の受注入力画面を，Webで公開する機能である。

　受注システムができた1960年代は，これら３つの機能はなく，顧客からの注文を電話やFAXで受けてから，受注入力を行う担当者が入力処理をしていた。その後，ネットワークの環境やシステムの機能が強化され，EDIで顧客から大量の注文を受け入れる環境が整った。

　また2000年代に入りWebのシステム環境が整うようになり，受注システムが顧客の販売管理システムとリアルタイムに連携できるAPIが使えるようになった。これにより，EDIのバッチ処理ではできなかったリアルタイム連携が可能となった。

　そしてWebの拡大により，パソコンしか持たない顧客に対しては，ホームページからWebの受注画面を公開することで，多くの小規模な顧客からも注文ができる環境が整った（**図表３-10**）。

図表３-10 　**注文を受けるインターフェース機能**

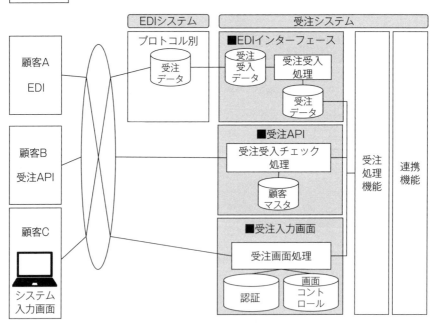

(1) EDIインターフェース

EDIは，業界ごとにフォーマットを統一することにより利便性が増し，多くの企業で導入されるようになったが，現在でも多く使われているEDIの手順として，全銀手順（全銀協標準通信プロトコル）がある。1983年の開始時点では，銀行間でのデータのやり取りに使われていたが，現在では受注など商取引データのやり取りにも使われるようになっている。全銀手順以外にはJCA手順などがあるが，どの手順を使うかは，顧客との話し合いで決まる（図表3-10上段）。

(2) 受注API

EDI連携は，まとめて処理するバッチ処理になるため，リアルタイム処理ができないデメリットがある。それを解消する機能が，顧客の販売管理システムと受注システムをリアルタイムで処理する受注API処理である（図表3-10中段）。

受注API処理は，EDI処理に比べて顧客側のシステムに，高度な機能が必要となるので，顧客側では発注処理がリアルタイムになるメリットとシステム開発費用の高額化によるデメリットを比較して，投資することが必要となる。一般的には，リードタイム短縮の面で，リアルタイム処理のメリットが大きいと考えるので受注API処理を選択するケースが多い。

受注API処理は，顧客のシステムと受注システムが一体として稼働するので，お互いのシステム稼働タイミングに違いがある夏や冬などの長期休暇や，システム障害が発生した場合などに，どのような対応をするのかを両社で協議し，システムに機能を組み込んでおく必要がある。

またサイバー攻撃などの被害にあった場合の回避策を，互いのシステムに組み込んでおくなど，両社で検討しておくことが多くなる。

(3) 受注入力画面

顧客側にシステムがない場合は，受注システムの入力画面を使ってもらうことになる。これは，EDIや受注APIよりも安価で対応することができる。顧客に向けて提供する入力画面は，顧客を特定しておくことが必要であるため，システムにログインするIDとパスワードから顧客コードを紐付けて，自動で算出する機能を持つ必要がある。顧客コードが算出できれば，受注画面へ連携することになる（図表3-10下段）。

3.2　受注処理機能

　受注処理機能は，受注システムのメイン機能となる。顧客からのインターフェース機能を経由した受注データは，受注処理で顧客マスタや品番マスタ，価格マスタ，商品マスタなどの主要マスタで確認処理やデータの付加が行われる。

　顧客マスタには，経理システムから与信情報が連携しており，この受注を受けても良いのかを受注限度額と確認することになる。価格マスタとの照合は，件名受注であれば，事前に社内で承認を受けた件名価格を適用するために，顧客と件名ナンバーで価格マスタを照合することになる。一般受注の場合は，その顧客に適用する価格を顧客と品番により価格マスタを照合する。

　価格や与信確認ができたのちに件名受注は，在庫引当処理に移る。在庫引当は，在庫マスタの在庫を使う。在庫マスタは，物流センター毎に品番別の在庫量をもっており，注文量に対して在庫量がまかなえれば，引当在庫として納期管理する。

　次に顧客の納期に合わせて，出荷指示処理が行われる。一般受注は，在庫があれば，すぐに出荷指示処理が行われる。件名受注は，納期が来るまで納期管理され，納期が来た時点で出荷指示が行われる。出荷指示が行われると，入出荷データが作られ，物流システムに連携する（**図表3-11**）。

| 図表3-11 | 受注処理機能 |

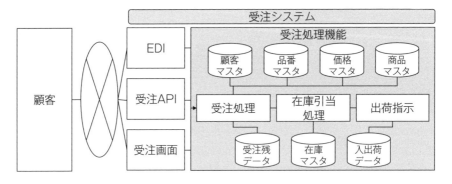

3.3 物流システムと生産管理システム連携機能

受注システムは，物流システムと生産管理システムと連携している。物流システムとは出荷指示した出荷データに基づき，モニタ連携する。モニタ連携とは，複数のシステム間でデータを送受信する連携機能である。データの送り先を指定して，送信するデータをセットすると送り先のシステムでデータが受け取れるようになっている。顧客への商品のお届けは，スピードを要求されるため，物流システムとは，データをリアルタイムに連携する必要がある。そのためリアル性の高いモニタ連携機能を利用している。

生産管理システムと連携する情報は，生産予定情報である。生産管理システムで生産計画が立案されたときに連携すればよいので，バッチ処理連携となる。

工場で生産された商品は，物流センターに入荷された段階で物流システムから入荷データとして，出荷と逆方向にモニタ連携されて受注システムの在庫データを更新する。

受注システムとの連携機能は，顧客への情報提供や商品提供などでリアルタイムを要求されるものは，リアルタイムのデータ連携となっているが，リアルタイムが必要とならないものは，バッチ処理が選択される（**図表3-12**）。

| 図表3-12 | **物流システムと生産管理システムとの連携機能** |

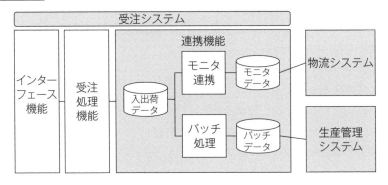

4 パナソニックグループの事例

パナソニックグループは，家電，電気設備資材，部品，ソリューションなど事業が多岐にわたっており，事業ごとに受注業務を行う組織がある。

4.1　受注業務組織

　くらし領域の事業を行っているパナソニック株式会社（以下，パナソニック）を事例にすると，パナソニックの商品業務部門は，会社の営業組織に所属しているケースと，販売組織として別法人化している会社に所属するケースに分けられる。

(1)　家電領域の受注業務組織

　パナソニックはいくつかの事業領域があるが，そのひとつである，家電領域は，販売会社のパナソニック　マーケティング　ジャパン株式会社の組織として，商品業務部門がある。

　家電の主な販売先に家電量販店や家電専門店がある。家電量販店は，ロードサイドや駅前の大型店舗で多くの商品を販売しており，家電専門店は，地域の家電店としてその地域にあった商品やサービスを行っている。

　そのため，家電量販店へは，量販店が保有する物流センターへ大量の商品を一括納品する形態をとり，家電専門店へは，少量の商品をきめ細かく納品する形態をとっている。このように家電商品は物流が重要となるので，商品業務部門は，物流センター内に事務所を構えている。

(2)　電気設備領域の受注業務組織

　もうひとつの事業領域が電気設備である。電気設備は，建物の照明や配線・情報機器を扱っている。商品の主な利用先は，ビルを建築するゼネコンなどの建設会社や設備工事を行う工事会社となるが，流通ルートを経由するため販売先は，代理店となる。

　街の再開発やビル建設などの需要に対して販売を行っているので，件名販売となり，それぞれの物件に応じて受注して納品していく必要がある。そのため営業担当と受注業務担当は，密接に連携する必要があるので，商品業務組織は，営業所と同じ事務所に配置している。

　商品業務の組織配置と事務所ロケーションは，事業それぞれの特性に合わせて設置することで，効率的な販売支援を行えるようにしている（**図表3-13**）。

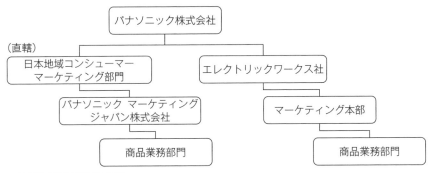

図表3-13 家電と電気設備の商品業務部門の組織

```
        パナソニック株式会社
```

（直轄）

```
日本地域コンシューマー        エレクトリックワークス社
マーケティング部門

パナソニック マーケティング      マーケティング本部
ジャパン株式会社

    商品業務部門              商品業務部門
```

※2023年4月1日時点の組織

4.2　商品業務部門と生産管理部門，物流部門の組織間連携

　生産管理部門は，事業部傘下の組織で，社内分社の事業部ごとにある。例えばくらしアプライアンス社には，ランドリー・クリーナー事業部があり，その傘下に生産管理部門がある。同様にくらしアプライアンス社には，いくつかの事業部があり，それぞれに生産管理部門がある。エレクトリックワークス社のライティング事業部にも生産管理部門があり，同様にその他の事業部にも生産管理部門がある。

　販売会社のパナソニック マーケティング ジャパン株式会社とエレクトリックワークス社のマーケティング本部に所属している商品業務部門は，すべての事業部の商品を販売しているため，それぞれの事業部の生産管理部門と連携している。顧客の納期に対する生産調整や品切れの管理，そして長期的な生産計画を立案するための，販売計画の連携などを行っている。

　物流部門は，パナソニックグループのオペレーション機能を一括で請け負っているパナソニック オペレーショナルエクセレンス株式会社に属している。商品業務部門は，顧客からの納品依頼に基づき，物流部門と連携して商品を納品する。商品を納品する場所は，日本各地にあるため最寄りの物流センターに出荷指示を行い，納品する。顧客により納品条件があるので，それらの情報は商品業務部門と物流センターで連携することとなる。

　商品業務部門は，顧客の注文に対して，商品を準備するために生産管理部門と連携し，その商品を顧客へ納品するために顧客の納品条件に基づき物流部門

と連携している（図表3-14）。

図表3-14 商品業務部門と生産管理部門，物流部門との組織間連携

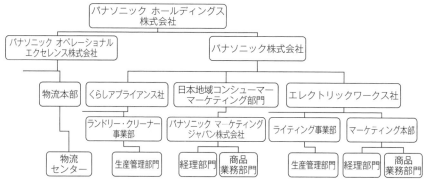

※2023年4月1日時点の組織

4.3　商品業務部門と経理部門との組織間連携

　商品業務部門と経理部門は，くらしアプライアンス社では，パナソニック　マーケティング　ジャパン株式会社の傘下にあり，エレクトリックワークス社では，マーケティング本部傘下にある。

　商品業務部門で出荷指示を行った後の，売上処理や請求書の発行や，代金の回収などの業務は経理部門が担当している。また，顧客の与信管理も経理部門が行っている。出荷データから売上への連携により，会社の収益が上がるので，両部署の連携は重要となる（図表3-14右下）。

4.4　受注業務

　前節で説明したとおり，商品業務部門で行う受注業務は，生産管理部門，物流部門と連携して行われる。パナソニックの家電と電気設備の受注業務について説明する。

(1)　家電の受注業務

　家電の主な顧客は，家電量販店と家電専門店となる。家電量販店からは多くの注文が来るため，大量処理ができるEDI受注となっている。一方，家電専門店は，街の小規模な店舗が多いので，独自にシステムを持っているところは少

なく，パナソニックが提供する専用のWeb画面からの注文となっている。

　家電量販店は，事前に営業部門が行う商談により，どの商品をどれぐらい供給するのかを，事前に決めているので，その取り決めによって，自社での売上状況を加味しながら，EDIで発注してくる。受注した商品は，商品業務部門が事前に量販店別に確保した商品を，自動で在庫引当することになる。商品業務部門は，事前に営業部門の営業担当者から確保しておく商品とその量を連携してもらい，受注システムに登録している。

　営業部門が量販店と行う商談の情報は，商品業務部門を通じて，生産管理部門へも連携する。生産管理部門では，商談情報を手に入れる前から，生産計画を立案して，製造の準備をしているが，商談情報により生産量を増減した方が良い場合は，その準備を行う。準備ができる場合は，その量で生産を行うが，準備ができない場合は，量販店と調整することとなる。

　量販店からの注文は，その納期が来た時点で，受注システムへ登録された受注情報から，自動で出荷指示される。この時点では商品業務部門は，確認作業だけになる。出荷指示されたデータは，物流システムへ連携されて，物流センターの在庫を引き当てされた後に，ピッキング作業と輸配送が行われる。

　以上のように，商品業務部門が人手で行う仕事は，量販店向けの在庫を確保することや，生産管理部門と情報連携することで，受注業務については，大部分がシステムで自動化されている（**図表3-15**）。

図表3-15 | **家電の受注業務の流れ**

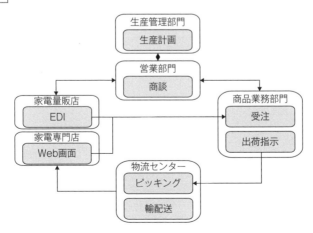

(2) 電気設備の受注業務

　電気設備は，B to Bビジネスとして，代理店を通じて商品を提供している。電気設備を取り扱う代理店の規模によって，受注の受け方に違いがある。大手の代理店で自社に情報システムを保有している場合は，EDIや受注APIを使って注文する。小規模の代理店で，情報システムがあっても，EDIなどの機能がない代理店は，パナソニックが提供するWeb画面からの注文となっている。

　特徴として，注文の単位は，電気設備を取り付ける物件ごとになっていて，それを識別するための件名ナンバーを付与しており，件名ナンバーで注文を管理している。納品する場所，納品する商品，価格など，物件ごとに違いがあり，建築現場の進捗状況により，納品時期も当初の予定から変わる場合もある。これらの情報を管理して納品することが必要となる。

　また，建築の物件により，特注を受けるケースも多く，その場合は，生産管理部門と連携して，図面を作成して商品を生産することになる。この場合は，注文と図面を紐付けておく必要があるので，その管理も行っている。

　納期が来た時点で，出荷指示が行われて，物流センターでピッキングの後，輸配送される。建築現場への納品が主体となるので，指定された納品時間，納品場所，梱包形態で，届けることが必要となる（**図表3-16**）。

図表3-16　電気設備の受注業務の流れ

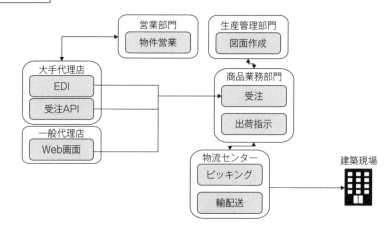

5　受注システム

　パナソニックの受注システムは，歴史が長く1970年代に日本にホストコンピュータが導入され始めた頃に開発され，今まで複数回再構築が行われて，2000年代に現在のシステムとなった。家電の受注システムはペガサスといい，電気設備の受注システムはVA（Value-conscious Arrow）と呼んでいる。

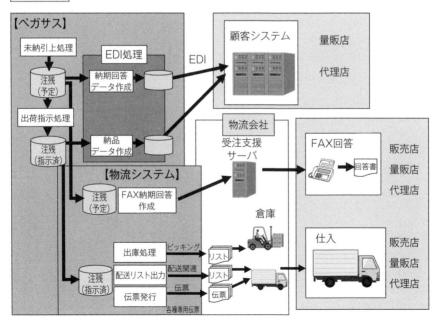

5.1　家電の受注システム

　家電の受注システム，ペガサスの特徴は，家電量販店からEDIで送られてくる大量のデータを短時間で処理する機能や約1万店ある家電専門店からの注文を受け取り，翌日には出荷するための物流システムとの連携機能などが挙げられる（**図表3-17**）。

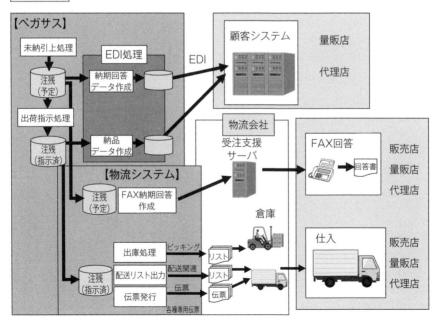

図表3-17　家電の受注システム「ペガサス」の概要

顧客からの注文は，受注残データに累積される。当日出荷の締め切り時間に，出荷指示処理が行われ，受注残データが出荷指示済みとなる。受注残データからは納期回答データ作成が行われ，顧客へEDIデータとして伝送される。また出荷指示済みデータは，納品データ作成処理が行われ，顧客へデータ伝送される。

　出荷指示済みデータは，物流システムへ連携し，出荷処理を行い，ピッキングデータとしてピッキングリストが出力される。同様に，顧客への伝票を出力し，配送情報としてトラックの手配に使われる。また出荷したデータを使い家電専門店などの小規模な顧客には，希望によりFAXによる納期回答される仕組みとなっている。

　システムを利用している顧客は，家電量販店，家電専門店など多岐にわたるため，システムメンテナンスのためのシステム停止期間も正月の2日間だけとなっていることも特徴となる。

| 図表3-18 | 電気設備の受注システムVAの概要 |

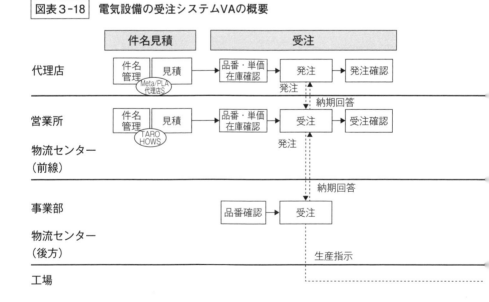

5.2 電気設備の受注システム

電気設備の受注システム，VAの特徴は，物件ごとに，受注した商品，数量，価格，納期，納品場所，納品条件などを管理する機能や，注文を受けた商品で特注生産すべき商品は，生産管理システムと連携して，事前に作図された図番に基づき生産指示する機能を保有している（**図表3-18**）。

VAのシステム機能詳細は，次のようになる。代理店からの発注は，顧客で行う見積システムから連携され，品番，単価，数量，在庫などが確認された後に，受注となる。特注品などは，そのまま事業部の生産管理へ連携され，納期に合わせて工場へ生産指示がかかる。

顧客からの受注は，件名ごとに管理されていて，顧客で納期が変更された段階で，全体の納期調整を行う機能もある。調整した納期になった段階で，工場で生産された商品は，後方物流センターに入庫され，必要となる出荷伝票などを商品とセットし，前線物流センターへ出荷される。前線物流センターでは，後方物流センターから入庫した商品と，すでに前線物流センターにある商品とをまとめて，顧客の納期に合わせて出荷指示される。前線物流センターから出荷された段階で，売上伝票が発行されて，売上データが計上される。

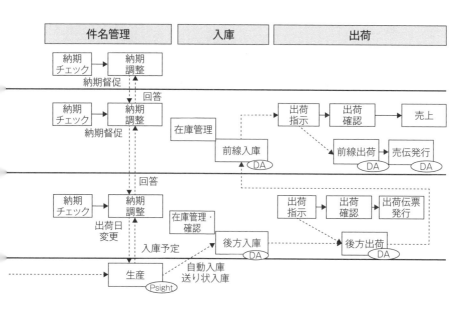

6 受注システムのDX

　受注システムは，顧客のシステムや生産管理システム，物流システム，見積りシステムなど多くのシステムと連携しており，CRM（Customer Relationship Management）やSCMなどの要の機能となっている。それゆえ，関連する業務も営業や生産管理，物流，調達などに広がり，受注業務やシステムを変革させることは，調整すべきことが多く難しいテーマとなる。

　しかし一方，受注業務やシステムが革新できれば，関連する業務やシステムが広いだけに，会社として大きな効果が期待できる領域でもある。画像認識や需要予測がAIにより進化している現在，人手で管理している顧客の発注管理については，自動化の余地が大いにある。これが実現すれば，顧客へのメリットも大きく他社差別化もできる。

　また，需要予測精度が高まれば，材料調達や生産計画精度を高めることができ在庫削減への寄与は大きい。また物流面では，物流センターでの作業員やトラックの最適手配ができ，物流コスト面でのメリットも大きい。

　以上のように受注システムをAIなどでDXしていくことは，パナソニックにとって大きなメリットがある。受注システムは，パナソニックグループが保有するソリューション技術などを活用して，DXに取り組んでいるシステムのひとつである。

📖 **参考文献**

- 梅田弘之［2003］『グラス片手にデータベース設計〜販売管理システム編』翔泳社。
- 三好康之［2018］『ITエンジニアのための【業務知識】がわかる本〔第5版〕』翔泳社。
- 山口雄大・行本顕・泉啓介・小橋重信［2021］『全図解　メーカーの仕事』ダイヤモンド社。

🔍 **学習課題**

1. 受注システムと経理システムを連携させる理由について述べなさい。
2. 受注システムをDXするメリットを述べなさい。

第4章

生産管理業務

目標とポイント

◆顧客の要求する品質（Quality），コスト（Cost），納期（Delivery）を満足させる商品の生産を実現するための，工場経営を担っている。

◆工場経営するにあたって，商品の特性を理解し，コスト，在庫，納期に影響を与える要因と要員の関係性を理解すること。

◆キャッシュフローの重要性を理解すること。

1　生産管理の目的と生産管理方式

　生産管理の目的は，顧客の要求する製品を，決められた品質・仕様（Quality）と予定のコスト（Cost）で，必要な数，必要な時期に生産，提供（Delivery）することである（**図表4-1**）。

　会社全体が効率良く業務を推進できるようにすることが，生産管理の役割となっている。顧客の要求を満足（CSの要素：商品の品質，適正な価格，必要な時に買える）させながら，PL（損益計算書）上の売上と利益を最大化させることと，BS（貸借対照表）に記載される在庫の削減に貢献することである。

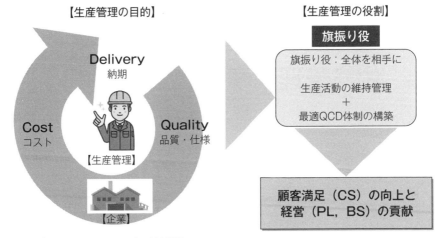

【生産管理の目的】　　　　　　　　　　　　【生産管理の役割】

※CS（Customer Satisfaction）：顧客満足
※PL（損益計算書），BS（貸借対照表）：企業の決算で必須な書類

　1990年代以降，デジタル技術の進展や嗜好の多様化を背景に，商品のライフサイクルの短縮化や商品ラインナップの拡充が進み，商品がすぐに陳腐化するリスクが増大した。毎年新機種が発売される商品は，新商品の発売日に合わせて，旧機種の生産量を減らすタイミングが重要となった。

　2000年代以降は，手元の現金を最大化するキャッシュフロー経営が導入され，商品の在庫を極力少なくするとともに，売れ残り在庫をゼロにすることが求められるようになった。

　このようなことから企業は，商品特性や需要の特性，工場の生産設備の特徴に応じて生産管理方法を変え，在庫を少なくする工夫を行っている。

　コンビニ弁当のように店頭で在庫を置いておくものに関しては，どれだけ売れるかを見込み（需要の予測），事前に商品の生産を行い，製品在庫を持っておくので，見込み生産と呼ぶ。

　ファーストフード店のランチなどで顧客が提供までの時間をそれほど長く待てないような商品に関しては，材料を見込みで事前に購入して，途中まで料理の仕込み（半製品在庫）を行っておくことから，半見込み生産と呼ぶ。

　フランス料理店でディナーをする場合など，調理する時間をある程度長い時間待てる場合は，受注，オーダーを受け付けて，材料在庫からじっくり調理す

るので，受注生産と呼ぶ（**図表4-2**）。

　3つの生産方式を比較すると，見込み生産方式は，製品在庫を持つので，在庫金額は最も多くなる。半見込み生産方式は，半製品在庫を持つので，在庫金額は見込み生産方式より少なくなる。受注生産方式は，材料在庫を持つので，在庫金額は最も少なくなる。

図表4-2 生産管理方法と在庫管理ポイント

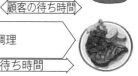

2　生産管理業務

　生産管理業務は，IT化の進展により，顧客からの受注動向，物流の状況，在庫の状況など，工場を取り巻く周辺の詳細な情報が得られるようになった。これにより生産管理業務で行うPSI（Production, Sales, Inventory）業務，資材所要量計画，材料調達管理，在庫管理，原価管理の各業務の精度を上げることができるようになった。

2.1　PSI業務

　生産管理の中核となる業務が，PSI業務である。P（Production）は生産量，S（Sales）は販売量，I（Inventory）は在庫量を決定する業務であり，この生産量，販売量，在庫量を略してPSIと呼ぶ。

　PSI業務では，基本的に顧客への販売計画に対して，現在の在庫数量から，生産計画数を求める。PSI業務は，品目単位のPSI情報をマネジメントするこ

とである。

　また，エアコンなどの季節商品になると，販売機会を逃さないために，夏の需要期に向けて在庫を事前に生産して在庫を積み増しておく必要性があることや，半導体や電子部品では，6か月先の注文をしないとサプライヤからの納品ができないなど，長期の販売動向の見極めが必要となっており，PSI業務は，経営管理の根幹ともいえる意思決定業務となっている。

2.2　資材所要量計画（MRP）

　工場で生産活動を行うためには，工場で必要とする材料を仕入れ先から調達する必要がある。そこで，重要となるのが，資材所要量計画（MRP：Material Requirements Planning）業務である。製品の生産量を入力として，必要な材料の量を計算する業務であり，BOM（Bill of Materials：部品表）の品目および数量の情報から製品の組み立てに必要な材料を計算する（**図表4-3**）。

図表4-3　BOM（部品表）

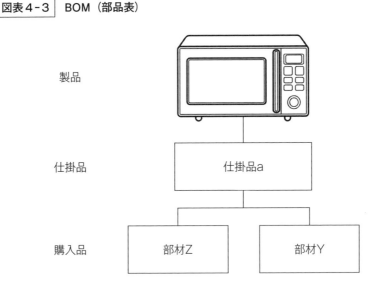

　サプライヤへの発注量は，生産に使う部材の所要量からすでに発注している数量と現在保有している在庫量を減算して求める。

　顧客の需要は変動するため，生産量も日々変動する。そのために部材は，適

量保有しておくことが必要となる。仕掛品，購入品の在庫をそれぞれどれだけ保有するかに関しては，需要予測と同様に過去のデータなどを分析して，どのような需要の変化が発生するか，サプライヤの納品遅れの頻度などを加味しながら，決定していく必要がある（**図表4-4**）。

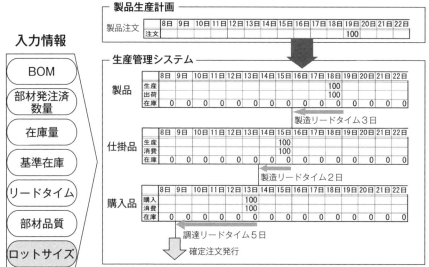

| 図表4-4 | MRP処理の概要 |

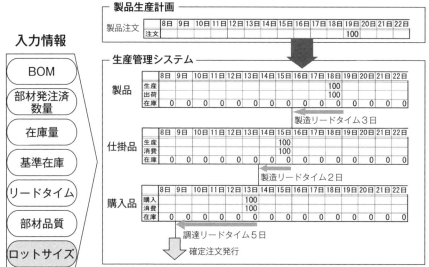

※発注量＝部材所要量－部材発注済数量－在庫量

2.3 材料調達管理

　材料調達は，需要動向に合わせて，生産する材料をタイムリーに調達することが業務となる。生産する日より，何日も前に材料を調達すると，工場に置いておくスペースや，在庫管理のコストがかかるので，なるべく生産する日に近い日に材料を納品してもらうようにする。

2.4 在庫管理

　適正な在庫量を維持するためには，【入】と【出】の量とスピードを均衡させる必要がある。

　【入】「適正な頻度の発注による適正在庫を保つための納入」→　発注管理

【出】「消費・生産量の平均とバラツキへの対応」　　→　在庫管理

　この【入】と【出】の均衡が取れていないと，在庫の増大での減産や，欠品の発生によって，生産・出荷の停止が発生する（**図表4-5**）。

| 図表4-5 | 在庫の適正管理 |

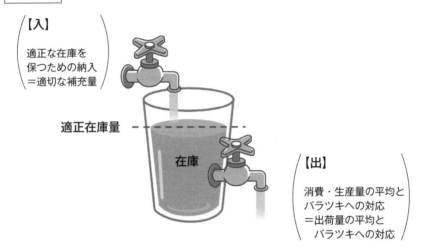

　つまり在庫管理とは，適正な基準在庫の維持・管理と不必要な在庫の削減が目的である。

　在庫を適正に管理するといわれても，なかなか顧客の需要動向が見えない中で何が適正なのかというのは難しい。適正在庫を考える上で，考慮すべきポイントが，現状の在庫内容を正確に分析するために，回転在庫，安全在庫，政策在庫，過剰在庫，不動在庫に分類することである。

　回転在庫は，通常，生産や調達にかかる時間が必要な場合に，定常的に持っておく在庫のことで，毎日販売があり，納品に1週間かかるなら，7日分の在庫を保有しないといけないという考えである。

　次に，安全在庫は，7日分の販売に対し，販売が上振れした場合や，仕入れ先の生産遅れによる納品遅れ等に対処するための在庫である。政策在庫は，季節商品で，数か月先の需要を見越して生産した商品の在庫である。

　回転在庫や政策在庫を持った商品が思うように売れず残ってしまうことがある。これが過剰在庫となる。過剰在庫になった後，販売の見通しが立たなく

なった在庫が，不動在庫である。

2.5　原価管理

　商品は，何円で生産できているのか，適正な利益を確保するには，いくらの
売り値で販売をしないといけないのかなど，コスト管理をしていく必要がある。
特に生産管理では，工場での商品の生産に，どのようなコストがかかっている
のかを分析して，原価を低減する活動を行わなければならない。

　図表4-6に示しているように，原価の分類として，材料費や設備に要する
経費，人が作業をして生産を行うためのコストを製造直接費といい，商品設計
や技術開発，工場で生産管理業務などを行っている人の人件費，あるいは試作，
研究などにかかる経費，オフィスの経費は，製造間接費という。営業担当者の
人件費，オフィスの経費や宣伝などのプロモーション費用など，販売活動に関
する費用は，営業費に分類される。

　ここで重要となるのは，原価を適正に配賦することである。

　製品に使われる材料費は，部品表（BOM）で材料を特定すれば，製品1つ
に対して，材料を使用する数量がわかるので，単純に計算して求めることがで
きる。

| 図表4-6 | 総原価構成図 |

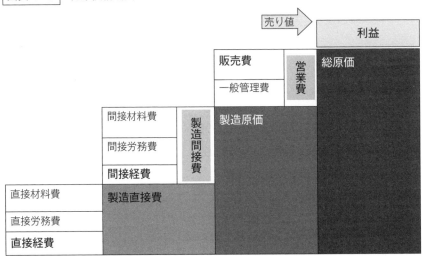

しかし，多種生産のための設備費や人件費を，製品ごとにいくら使っているのか計算する明確な基準が存在しない。そこで，設定したルールに基づいて製品単位に設備や人件費がいくらかかっているかを計算する。このことを，原価を配賦するという。

　設備であれば，設備の耐久年数と購入金額から，月当たりの設備コスト（月単位の減価償却費）を計算し，特定の製品が月全体の稼働時間の中で，何分この設備を使用したかで，算出する方法がとられる。生産管理業務の人件費も，管理をしていた品目数で人件費を割るなど，ある一定の基準を設けて，原価の配賦を行う。

3　パナソニックグループの生産管理業務

　商品設計された製品を生産するような組み立て系の大手の製造業では，ERP（Enterprise Resource Planning）と呼ばれるパッケージを使用して生産管理が行われていることが多い。基本的には，資材所要量計画と，材料調達，材料の仕入れ実績の管理と製造工程の生産実績管理，品質管理，原価の管理を行うことが主な機能である。**図表4-7**の太線で示した部分が基本機能である。

　パナソニックグループの工場においても，生産管理業務は，SAPやOracle EBSなどERPパッケージを使用していることが多い。

　工場では材料をサプライヤから仕入れるために，品目単位に発注を行う。そして，搬入後に検収して支払いを行っている。生産においても，品目・数量の実績を登録して，完成品の生産台数を管理する。

　消費税などの税制変更や会計制度の変更への対応など，海外においても各国の会計制度に準拠した機能を，パッケージベンダーが提供してくれることから，決算，会計に連携する生産，出荷，購入実績の管理を中心とした機能は，商品や生産形態の影響を受けない共通機能であるので，ERPパッケージを使用している。

図表4-7 生産管理システムの基本機能

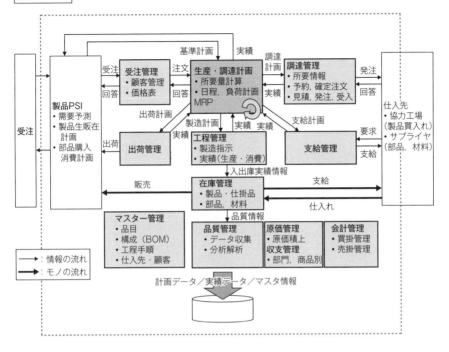

3.1 PSI計画

　商品群によりPSI計画に大きな違いが出る。テレビなどは，6か月から1年単位で新技術を採用した新商品が発売されていくので，他社動向，技術革新ポイント，買い替え需要などを分析する。そして，新商品投入に合わせた商品の特徴を訴求した宣伝などを通じて，事前に計画された販売台数を売り切ろうとする。

　それに対して，白物家電や車の部品などは，新商品の投入サイクルが，2年から5年程度の期間を要するため，販売動向に連動しながら在庫を補充していく。白物家電はボーナス商戦のように需要変動はあるものの，工場の残業で増産対応できるようになっている。

商品群	ライフサイクル	価格下落	パナソニックグループから見た販売予測の精度	生産量の確定
● テレビ ● 携帯電話部品 ● LED照明	短い 3か月〜1年	大きい (技術革新激しい)	1. 量販店との個別商談有り。 新商品発売キャンペーンなどの有無,定番採用可否等により,品番単位での販売計画がある程度可能。	1. 量販店とパナソニックグループとの商談状況等から,主体的に生産量を決定する。 2. 季節商品は,早めに生産着手し,作りだめで対応する。 ⇒ 計画型PSIで生産量を確定
● 白物家電 ● 配線器具 ● 車載部品 ● 住宅設備 ● キッチン ● 風呂	比較的長い 2〜5年	比較的小さい (大きな技術革新が少ない)	1. 白物家電は,量販店から売れただけ生産。 2. 車載部品は,車メーカーの完成品計画に週次に連動。 3. マンションや商業ビル等の大型件名は,件名ごとに商談するため,予測は比較的可能。	1. 前年実績などから商品群単位での予測は比較的可能だが,品番別は難しい。在庫を構えて,売れたものから順に補充する生産方式が必要。 ⇒ 需要連動型PSIが重要

- ライフサイクルが短い,または,季節変動による販売のバラツキが大きい製品
  ⇒ 計画型PSI
- ライフサイクルが長く,季節変動による販売のバラツキがあまり大きくない製品
  ⇒ 需要連動型PSI

3.2 材料調達計画

材料調達計画に関しては,定期発注方式と定量発注方式を採用している。物の大きさと新商品が発売された時に,そのまま使い続ける材料か,切り替えて新材料に変わる材料かによって,調達計画のやり方も異なってくる(**図表4-9**)。

図表4-9 材料の発注方式

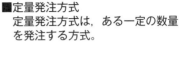

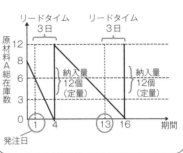

　冷蔵庫や洗濯機の大物の部品であると，工場に置き場がないこと，倉庫に納品されると，工場のラインに供給するのに物を移動させる荷役作業コストがかかることから，毎日必要な部品をラインの横に納品してもらう方式がとられる。

　来週の生産計画が決まると，月曜日に何台，火曜日に何台という日ごとに納品数を指定して材料発注を行う。発注サイクルは，週次で見直しを行うことから，週次発注納品日指定という発注である。

　物の大きさがそれほど大きくない電子部品などは，毎日，トラックで納品を行うと物流費用がかかるのと，保管スペースがそれほど必要のない部品であることから，1週間分をまとめて納品してもらう方式を採用している。生産週の前週の金曜日に，1週間分の生産に必要な数をまとめ納品を行っている。この2つのパターンは，週次で発注するので，定期発注方式になる。

　次に，ねじのように新商品でも継続して使用される，価格も安い，スペースも必要がないものは，定量発注方式がとられる。定量発注方式とは，在庫が基準まで下がったら，発注する方式で，生産する品目によって，ねじの消費数も違うので，発注する日が週次など決まった日にならず，不定期になる。

　ラインの横に，ねじを特定の箱に入れて，積んで保管し，この箱が空になったら発注を行い，箱をサプライヤへ渡し，この指定の箱にサプライヤにねじを入れてもらって，納品が行われる。パナソニックグループでは，通い箱方式と

いわれている。この場合，物が無くなったら発注が行われるので，定量発注方式になる。

　2015年以降，経営的に難題になっているのは，電子部品の調達である。6か月前の発注，1年半先（18か月分）のフォーキャスト（部品の必要数の大枠の予想数）を提示しないと電子部品メーカーに生産してもらえない業界動向になっている。

　将来の販売動向，新商品の開発計画などを考慮しながら，調達する数量を判断するので，ある程度，欠品や過剰在庫になるリスクを考慮した概算数での発注となっている。

📖 参考文献

- 石川和幸［2022］『最新版図解生産管理のすべてがわかる本』日本実業出版社。
- 大野耐一［1978］『トヨタ生産方式—脱規模の経営をめざして』ダイヤモンド社。
- 株式会社クニエSCMチーム［2022］『ダイナミック・サプライチェーン・マネジメントレジリエンスとサステナビリティーを実現する新時代のSCM』日経BP。
- トヨタ生産方式を考える会編［2004］『トコトンやさしいトヨタ生産方式の本』日刊工業新聞社。
- 原正幸監修，和仁達也著［2003］『キャッシュフロー経営って?—ドクターをお金の悩みから解放する』デンタルダイヤモンド社。
- Goldratt, Eliyahu M.［1992］*The Goal: A Process of Ongoing Improvement*, North River Press.（三本木亮訳『ザ・ゴール—企業の究極の目的とは何か』ダイヤモンド社, 2013年）
- Goldratt, Eliyahu M.［1992］*The Goal: A Process of Ongoing Improvement*, North River Press.（岸良裕司監修, 青木健生脚色，蒼田山漫画『ザ・ゴールコミック版』ダイヤモンド社, 2014年）

🔍 学習課題

1．在庫管理において，在庫の種類の観点から考慮すべき点を3点以上，理由と共に述べよ。
2．生産管理業務中から3つの業務を挙げ，その内容を述べよ。
3．部材の2つの発注方式を挙げ，その違いを述べよ。

第5章

調達業務

目標とポイント

◆企業の調達活動の重要性について認識を深める。

◆調達活動の構成要素を鳥瞰的に理解する。

◆調達活動を支える特徴的なシステムについて知る。

◆調達業務は販売，生産活動のインプットとなる必要不可欠な業務である。

1 調達業務の概要

調達業務は企業が生産・販売を行う上で必要な資材を購入する活動で，資材を供給してくれるサプライヤを探し，見積りを取り，品質や価格を精査した上で契約を行い，発注して納品を受ける一連のプロセスである。

1.1 会社が調達するもの

(1) 直接材と間接材

購入する資材は大きく直接材と間接材に分類できる。直接材とは販売，生産に直接的に使われるもので「原材料」「加工品」「デバイス」に分けられる（**図表5-1**）。製品やサービスに使われる部品や外部から買い入れるサービスが該当する。これに対して間接材とは販売，生産には直接使われないものであり，不動産や設備，従業員のユニフォームやパソコン・文房具，光熱水道費等が挙げられる。

本章では，企業の生産活動に直接的に関わる直接材を中心に解説を進めてい

く。

(2) 直接材の種類

　企業によって，販売，生産するものや，その部材となる直接材の分類方法は異なるが，組立製造業における一般的な分類を説明する。

　◆原材料

　鋼材，銅・アルミ等の地金，樹脂材料，マンガン，ニッケルといった加工度の低い材料が対象となる。購入する単位も「個数」ではなく，重量や体積などである。

　◆加工品

　樹脂や金属を加工した部品が対象となる。ノートパソコンでいうと筐体^{きょうたい}，キーやボタン，筐体内のフレーム，ディスプレイを開閉する機構部分など。製品に合わせて加工しているので，その製品専用の部品になることが多く，仕様を提示して見積り，発注を行う。

　◆デバイス

　電子部品，電子基板等の部品や液晶パネル・ソーラーパネル等のモジュールが対象となる。電子部品も抵抗やコンデンサなど汎用性が高い部品から，製品に特化した専用ICや電子基板などバラエティが豊かである。汎用品は部品サプライヤのカタログ等をベースに交渉を行って発注するが，専用品になると加工品と同様に仕様提示から行うことになる。

図表5-1　直接材の種類

直接材			間接材
原材料分野	加工品分野	デバイス分野	
銅板	ヒートシンク	ソーラーモジュール	文房具　物流 パレット
鋼材	キーボードのキーやボタン	電子基板	工事　　設備
マンガン ニッケル など	樹脂成型品 など	電子部品 など	工場副資材　役務　　など

80

このように直接材だけでもバラエティに富んでおり，その購入方法も様々である。本章では加工部品やデバイスの購入を念頭に説明を進めていくが，原材料やソフトウェア，買入品についても基本的な考え方は共通である。

1.2　調達業務の重要性

企業の「買う」という行為をビジネス＝調達業務として実行するための，調達業務の役割と目指すところを整理する。

調達活動の基本的な要件は「買う」行為の実行であり，すなわち

- Q（品質）：適切な品質の部材を買う。
- C（コスト）：適正な価格の部材を買う。
- D（納入）：必要な時に必要な分だけ買う。

を担保して買う行為を実践していくことである。組立製造を行っている企業においては製品の原価に占める購入部品の比率は高く，その品質とコストは企業の収益に直結する。納入が不安定では製品の顧客への供給がおぼつかなくなる。

しかし，買い手側のQCDに対する追求が行き過ぎると，過剰品質，買い叩き，流通負荷の増大等の課題も発生してしまう。このため近年では調達活動における「社会的責任」を果たすことも強く要請されている。法令，環境，社会情勢，倫理等を踏まえ，サプライヤとの持続可能な共存共栄の関係の構築を目指す活動である。

また，企業の設計・開発部門が製品に使う部品を決めてから，その部品を買う活動を行うだけでは製品のQCDに対する調達部門の貢献は限定的になってしまうので，「サプライヤマネジメント」と「開発購買」も求められている。サプライヤマネジメントは有力サプライヤと継続的かつ協力的な関係を築き，調達活動でのメリットの拡大を目指すものである。開発購買は開発・設計の段階で品質・コストの作り込みに調達部門が関与し，サプライヤとの協業や部品供給の早期立上げにも貢献を果たしていこうという考え方である。

このように近年は従来の部材購入におけるQCDの確保に加え，これら「社会的責任」「サプライヤマネジメント」「開発購買」を追求していくことが調達業務の役割であり，重要性といえる（**図表5-2**）。

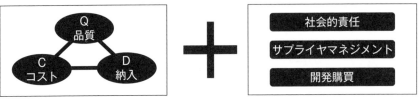

買う行為の実行　　　　　　　　より高度な調達活動

1.3　調達プロセスの概要

次に調達活動のプロセスを確認していく。

調達活動は大きく「契約業務」と「購買業務」に分けられる（**図表5-3**）。

「契約業務」はソーシングとも呼ばれ，業界調査から，サプライヤの選定や価格決定を行う活動である。契約業務は調達業務の重要性で述べた戦略的な機能も担っている。調達活動の中核の機能であり高度な判断も多い業務であるため，このプロセスの高度化や新たなITでの支援が重要になってきている。

「購買業務」はパーチェシングとも呼ばれ，発注から納期調整，検収等を行う業務である。購買業務では販売部門や製造部門の要求に応じて発注を行い，サプライヤとの納期調整や納入の管理を行うという手間がかかる。しかし，必要不可欠な業務であるため，従来からシステムでの自動化・効率化が進んでおり，オペレーションの外部化も行われている。

また，大手のメーカーではこの2つの活動の組織を分けているところも少なくないが，組織の役割分担や定義づけは様々である。

図表5-3　調達プロセス

契約業務（Sourcing）		発注業務（Purchasing）	
・サプライヤ調査 ・サプライヤマネジメント ・製品開発への参画	・見積依頼，取得 ・見積評価，交渉 ・契約	・在庫管理（安定供給） ・物流構築（物流コスト） ・リードタイム交渉，発注	・納期管理 ・納品，支払

1.4　下請代金支払遅延等防止法とSDG's調達

調達活動の概要の最後に調達部門の「社会的責任」について補足する。

調達活動は「契約」を伴うものであるから，法令や契約を理解して活動を行わなくてはならない。その中でも特に重要なのが下請代金支払遅延等防止法（以下，下請法）である。

日本においては企業の系列的な取引もあり，買い手が売り手に対して優越的な立場になりやすい。下請法では買い手側の義務と禁止事項を定めて，規模の大きくないサプライヤの健全な事業活動を担保している（**図表5-4**）。義務と禁止事項は下記のとおりであるが，サプライヤが下請け対象の事業者（「部品の製造委託の場合は資本金が3億円以下」等の要件を満たす）でなくとも調達業務として基本的に留意すべき内容であるため，一般的なオペレーションに対応が取り込まれているものも多い。

| 図表5-4 | 下請代金支払遅延等防止法の義務と禁止行為 |

<義務>
- 書面の交付義務　　　：発注の際は直ちに3条書面を交付
- 支払期日を定める義務：代金に支払期日を受領後60日以内に定める
- 書類の作成・保存義務：取引の内容を記載した書類を作成し，2年間保存
- 遅延利息の支払い義務：支払いが遅延した場合は遅延利息を支払う

<禁止行為>

・買い叩き	・下請代金の減額	・報復措置
・受領拒否	・下請代金に支払遅延	・購入・利用強制
・返品	・割引困難な手形の交付	・不当な経済上の利益提供要請
	・有償支給材料等の対価の早期決済	・不当な給付内容の変更及び不当なやり直し

また近年はSDGs，CSR，ESGを踏まえた調達活動も強く要請されている。基本的な概念としては国連が採択したSDGs（持続可能な開発目標）により世界的に持続可能な社会を目指す指針が示されており，これを実現に向けた企業の社会的な責任がCSRであり，その企業への投資家が監視する視点がESG（環境，社会，ガバナンス）となる。

近年，調達活動において特に重視されるのは「人権」と「温室効果ガスの削

減」である。すでに欧米において企業は法的，社会的に厳しく監視されており，実現できていない企業は市場で認められなくなってきている。企業には直接取引のある一次サプライヤだけでなく，供給網全体として，これらが遵守されるようサプライヤを監査・指導していくことが求められている。

2　契約業務（Sourcing）

ここからは契約業務の具体的な活動について解説していきたい。契約業務プロセスは，サプライヤ調査から始まり提案依頼と交渉を行い，見積りを取得して契約を行う一連の業務である。（**図表5-5**）。

図表5-5　契約業務プロセス

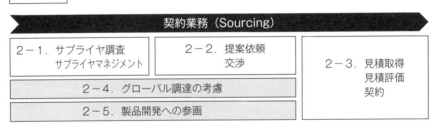

契約業務（Sourcing）		
2-1．サプライヤ調査　サプライヤマネジメント	2-2．提案依頼　交渉	2-3．見積取得　見積評価　契約
2-4．グローバル調達の考慮		
2-5．製品開発への参画		

2.1　サプライヤ調査とマネジメント

サプライヤから見積りを取得するには，まずサプライヤの情報調査から始める。サプライヤから資本金や取引先といった企業の基本情報，財務諸表，生産・販売拠点等の体制，取扱製品，品質・環境・CSRへの取り組みや認証取得状況，支払方法等の取引条件，電子取引への対応等の情報を提供してもらう。そして，収集した情報をもとに，サプライヤを戦略的にマネジメントしていくことになる。サプライヤマネジメントの主な目的は，下記の3点である。

- サプライヤの評価を行い，自社にとって有益なサプライヤとの協力関係を強化する。取引するサプライヤは増加しがちであるが，優先順位付けや絞り込みを行うことで有力サプライヤと協力関係を深め，効率化やコスト削減につなげる。
- CSRや倒産，災害等のリスクを把握し，監査や対策を検討する。

近年は直接取引を行う一次サプライヤだけでなく，二次，三次先のサプライヤも把握して，これらのリスク管理を行うことが要請されてきている。

● サプライヤから自社に，調達活動に対するフィードバックをもらい，自社の改善活動につなげることで，サプライヤとのWin-Winの関係を高めていく。

これを実現するために，「サプライヤの一元的な管理」と定期的な「情報収集」「評価と選別」「監査」を行うプロセスを定めて実施している企業が多い。そのためにサプライヤのデータベース化や情報収集の仕組み化は重要である。

2.2　見積り

サプライヤ情報を集め，提案を依頼できるサプライヤが決まったら，個々の部品について具体的な商品・サービスについて発注側の要求事項を整理し，サプライヤに提案を依頼する。提案を受けてサプライヤと検討・交渉を行い，最終的な見積書を取得し，評価を行う。

2.3　評価・契約

評価は先に述べたQCD（品質，コスト，納入）といった評価項目を明確にし，複数のサプライヤの見積りを比較評価することが基本である。複数社の比較が難しい専用品や，サプライヤと継続的な取引を行っている場合は横並び比較ではなく，過去の類似製品と今回提案の比較や過去類似品からのQCDにおける改善点を提示してもらうことで評価を行うことができる。

評価結果が確定したら，社内での承認手続きを経て契約を締結することになる。

2.4　グローバル調達

経済のグローバル化が進んでいる近年では調達業務においてもグローバルな調達を行うことは一般的になってきている。調達において海外の部材を求める主な理由は下記である。

① コストの安い製品を調達することができる。特に近年はより多くの国との取引が可能となり，日本においては中国やアジア諸国からの調達が多い。

② 固有技術を有する製品を調達することができる。先端技術を利用した製品や特殊な技術によって生産される製品を海外のサプライヤに求めるケー

スである。

③　グローバルなサプライヤとの取引がある。電子部品等の世界規模のサプライヤとの取引では，サプライヤのグローバルな供給網に合わせた調達になる。

④　原材料，鉱物など産地が偏在しており，そのため国際市場で調達している。

このようにグローバルな調達を行うことで自社製品のコストダウンや機能向上が期待できるが，一方で貿易特有のコストやリスクが発生する。

コストとしては輸送コストや貿易手続きのコストがある。輸送コストは船と航空では輸送時間と費用が全く異なっており輸送手段の選択も重要である。また輸出入手続きのコストや関税等の対応が必要であり，貿易知識や各国法令に対する理解も必要である。

リスクとしては大規模災害や地政学リスクがある。大規模災害では2011年の東日本大震災やタイの大洪水では日本や世界各国の製造業のサプライチェーンが大きな打撃を受けた。地政学リスクについては紛争等による直接的脅威もあるが政治的な貿易規制等にも注意が必要である。

2.5　開発購買の推進

調達部門が製品企画・開発の上流段階から関与し，調達も考慮した製品開発を進める開発購買の取り組みについて解説する。

従来的な調達においては，製品開発部門が製品の設計を行う過程で必要な部品を決定し，それを調達部門に対して契約・購入を要求するというプロセスが一般的であった。しかし，新たな製品を設計する際には，新たな機能・性能の部品が必要であり，その設計の実現性を担保するためにサプライヤの協力を得ることは多い。逆に設計部門が従来の部品を採用しても，サプライヤ側からの供給停止等で手戻りになることもある。

このような課題を解決するため，製品設計の段階から部品の情報を積極的に提供し，新部品開発についても調達部門が入ってサプライヤと検討を行っていくことが，製品のコストダウンや開発プロセスの効率化・リードタイム短縮につながる。

調達部門には「単なるサプライヤとの交渉役」ではなく，サプライヤや部品の評価等の調達の情報をデータベース化し，開発部門に情報提供・提案するこ

とで，製品開発に貢献することが求められている。

3 発注業務（Purchasing）

ここからは発注業務（Purchasing）の具体的な活動を説明する。

発注業務の目的は販売や生産活動で使用される材料・部材を適切に購入・供給することである。ここでは経済的に合理的な手配を行うための発注計算の方法から発注方式のバリエーションを紹介していく。なお，生産・販売の形態は事業や製品によって様々である。ここでは基本的な工場での繰り返し生産品の発注について説明していく（**図表5-6**）。

| 図表5-6 | 発注業務プロセス |

発注業務（Purchasing）		
3-3.・在庫管理(安定供給) ・物流構築(物流コスト) ・リードタイム交渉	3-1.・所要量計算 3-2.・発注方式（定期定量） ・調達部門の予測・ 判断	3-4.・発注 ・納期管理 ・納品，支払

3.1 所要量発注

発注量の決定の要素は，自社製品の部品表と生産計画によって決定される。部品表とは製品がどのような品目から構成され，どこでどのように加工・組立されるか，製品がどのような手順で作られるかを表すもので，開発・生産・販売・サービスなどの活動の基本となる情報である。生産計画とは販売を行う製品を生産する計画であり，販売と製品在庫計画に対して，工場の生産能力や部材の調達能力を加味した生産の実行計画である。

生産計画が決定されると，部品表を使って生産に必要な部品と数量，必要時期が算出できる。この情報に基づいて発注を行うことを所要量発注と呼ぶ。

※所要量計算については第4章「生産管理業務」を参照のこと。

3.2 発注方式

発注量に基づいた発注方式にもいくつかのパターンがある。

製品や生産ロット単位に必要部品を発注していく方法と，部品単位で発注済数や在庫を見ながら発注数を決める引当て方式がある。

また，発注サイクルに着目すると大きく3つの考え方に分けられる（**図表5-7**）。

- ●定期発注　：月，週，日といった一定期間で発注を行う。発注数は不定である。一般的に広く使われている方法である。
- ●定量発注　：在庫基準を決め，基準を割ると一定数を発注する。
　　　　　　　　安価な標準品で発注コストを下げるために行うことが多い。
- ●不定期発注：時期，数量を決めずに発注する。
　　　　　　　　高額な専用品や発注が極端に少ない部品で行われる。

図表5-7　発注方式

	ロット発注 （在庫，発注残を引き当てない）	引当発注 （在庫，発注残を引き当てる）
定期発注	海外生産工場や協力会社に部品を供給する場合等（供給部品は「使い切り」を想定）	● 自社で使用する部品では一般的 ● 生産変動等による発注ロスを吸収
定量発注		● 安価な標準部品をまとめ発注，納品する場合 ● 在庫基準を決めて在庫が減ると発注する場合
不定期発注	新製品の立ち上げや，生産が間欠的な都度生産の場合等	新製品の立ち上げや，生産が間欠的な都度生産で，共通部品や標準品は在庫を引き当てる場合等

さらにサプライヤ側の供給力や品質にリスクがある市況を考慮する部品では，所要量に加えて調達部門の予測・意志を加味して発注を行うこともある。

3.3　安定供給と物流コストの考慮

発注方法のバリエーションについて述べてきたが，どの方法を選択するかは，
- ●生産，販売に対する安定供給
- ●経済的な購入

という2つの要素から決定される。

調達部門が最優先で要請されるのは安定供給である。安定供給のためにはサ

プライヤが供給を行いやすい発注を行う必要がある。具体的には「長期間の見通し情報の提供」「サプライヤの生産，物流に必要な発注リードタイムの確保」である。ただし，リードタイムが長くなると生産・販売の変動への対応が難しくなるため，サプライヤ側の実態を深く理解して適切なリードタイムを交渉・合意することが重要である。

　経済的な購入については，在庫と物流コストを考慮した納入方法の決定ということになる。日々の生産に合わせて細切れに発注・納品を行っていては物流や管理コストが増える。逆に在庫を抱えると資金を圧迫する。したがって，廉価で保管が容易な部品についてはまとめ発注・まとめ納品を行い，コスト削減を志向することが多い。また輸送方法でもリードタイムに余裕があるのであれば，船や鉄道を使った方が，航空機やトラックよりも安価になる。しかし，こうした方法は高額品（資金負担が大きい）や保管が難しい（体積が大きい，温度管理等の指定がある等）ものには適用しにくく，商品ごとに検討が必要である。

3.4　発注，納入のオペレーション

　最後に発注から納品のプロセスを説明する。

　調達先がグローバル化しているため，国内取引に加え，国際取引の対応は必須となってきている。国際取引には多くのバリエーションがあるが，製造業では国内取引を含め主に下記の4つのプロセスになる。

- ●国内：国内で調達した部品を国内の自社工場に供給する。
- ●輸入：海外で調達した部品を国内の自社工場に供給する。
- ●輸出：海外に自社工場を持つ企業が国内の部材を現地工場に供給する。
- ●三国間：海外で調達した部品を海外の自社工場に日本を通さずに供給する。

　国内取引であれば，サプライヤから直接自社工場に納品できるので物流もシンプルであるが，輸出入や三国間取引では国際物流となり自社で通関や物流を行う場合は貿易の手続きや物流管理等の業務が発生し，オペレーションは複雑である。

　発注を行った後は，発注に対してサプライヤからの納期回答や出荷情報を入手し，工場への納期遅延は発生しないよう管理する。そしてサプライヤから納品を受けると納品物を検収し，支払いを行う。納品に対する品質情報の管理やサプライヤへのフィードバックも調達部門の役割である。製造業においては

日々，多品種の部品を発注し納入されることになるため，こうしたプロセスの標準化やシステム化を進めて効率化を図る取り組みが継続的に行われてきている。

4　パナソニックグループの調達システムの事例

　ここからはパナソニックグループの調達システムについてグループの集中調達部門の仕組みの事例を説明する。

　集中調達部門はパナソニックグループの多様な事業会社とサプライヤの間に入り調達活動を推進している。サプライヤ管理，開発購買，契約，購買の業務において，サプライヤと生産拠点それぞれに対応したシステムを構築してきている。また，契約・受発注の取引データやインターネット等の公開データや事業会社の生産情報等を調達データウェアハウス（DWH）に集約し，データ分析・活用を推進している（**図表5-8**）。

図表5-8　**パナソニックグループの調達システム概要**

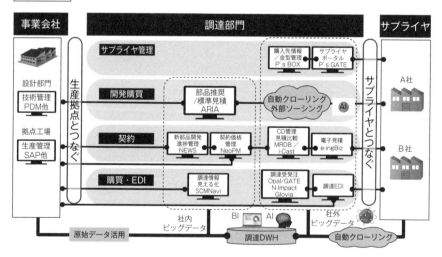

4.1　サプライヤ管理（P's GATE，P's BOX）

　サプライヤ管理の仕組みはサプライヤとの窓口となるP's GATE（サプライ

ヤポータルシステム）とパナソニックグループ側でサプライヤ情報を一元管理している P's BOX（サプライヤ情報管理システム）で構成されている。サプライヤはインターネット上にあるP's GATEの画面で自社の情報を登録し，パナソニックグループからの情報提供を受けている。P's BOXではパナソニックグループ社内で持っているサプライヤの情報とサプライヤからの提供された情報を集約し，災害リスク対策やCSR等のコンプライアンス対応を行うほか，関連システムや事業会社との情報連携を行っている（**図表5-9**）。

図表5-9 サプライヤ管理システム

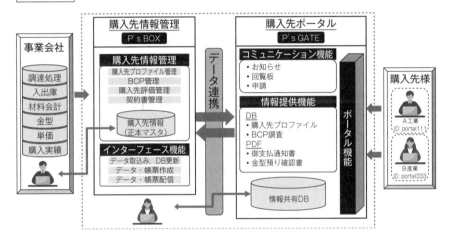

4.2 開発購買（ARIAデバイス，ARIA機構）

　開発購買は，電気電子・半導体といったデバイス部品と筐体やシャーシ等の加工部品で異なる仕組みを構築している（**図表5-10**）。

　デバイス部品，特に汎用部品（個別仕様を伴わない部品）を対象とするARIAデバイス（デバイス開発購買支援システム）では，サプライヤのホームページから最新の部品情報（スペック，規格対応）をクローリングにより入手し，パナソニックグループの発注方針（推奨メーカ，推奨部品）と統合して，事業会社の設計に部品情報を提供する。それにより製品開発の上流段階から推奨部品への誘導を行う。

　機構部品の開発購買を支えるARIA機構（加工品開発購買支援システム）で

は，これまで加工のエキスパートに依存していたモノづくりノウハウをDB化し，設計者の部品3DCADデータから自動で理論原価を計算できるシステムを提供している。これによってサプライヤの見積りを正しく評価し，最適な選定につなげることができる。

図表5-10 開発購買システム

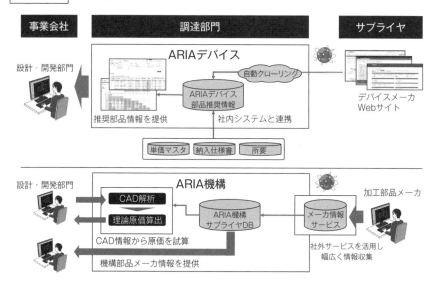

4.3 発注～納入 (Opal)

発注～納入の仕組みは取引の形態や取扱商品の特性により複数の仕組みがあるが，代表的な仕組みとして輸出，三国間取引に広く使われているOpal（部品受発注・輸出システム）の事例を紹介する。

国内外のパナソニックグループ事業会社からの材料発注を受けて，国内外のサプライヤへ発注を行う。入庫から出荷については物流業者のシステムと連携し入出庫を行う。また輸出，三国間取引といった貿易を行うため，パナソニックグループ共通の貿易システムであるATLASとも連携し船積指図を行い，インボイス（請求書）発行を受けて会計システムへの仕入・売上データを登録する。なお，パナソニックグループ事業会社やサプライヤとの取引は業界標準のEDIに対応をしており，大量の受発注の処理が可能である（図表5-11）。

図表5-11 受発注システム

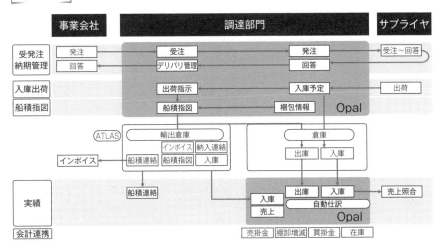

4.4　部品調達のEDI

　パナソニックグループの調達部門はサプライヤとの取引において一貫EDIを推奨している。一貫EDIとは見積りから支払いまでの取引をすべてEDIを通して効率化を目指すものであり，特に注文，出荷，買掛明細等の情報の種類でEDI化が進んでいる。EDIにはサプライヤがパナソニックグループのデータ交換システムであるGITPに直接データファイルを使ってやり取りする方式と，サプライヤがWeb画面である調達ECを使ってデータ登録を行う方式がある。GITP方式ではサプライヤ側でデータ送受信を行うシステムを構築する必要があるが，大量のデータ処理に適しておりセキュリティ等の安全性にも優れている。調達EC方式はサプライヤ側のシステム構築は必要でなく簡易に立上げが可能である（**図表5-12，図表5-13**）。

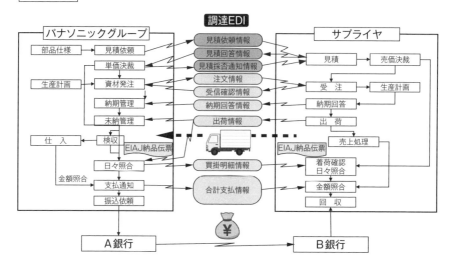

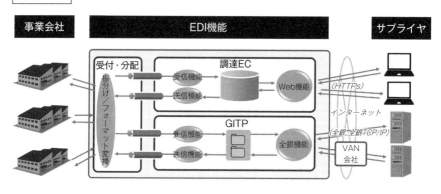

4.5 データ分析（調達DWH，DIYA）

　調達関連のデータとしてサプライヤから入手したもの，社内で発生したもの，サプライヤ管理・契約・受発注等様々な情報があるが，原始データは各システムに散在している。これを調達DWH（調達業務のデータウェアハウス）としてデータを集め，蓄積し，データ分析等で活用できる形式に変換をしている。このDWHにDIYA（データ分析ツール）を使って利用部門で集計・分析を行い，

パナソニックグループ全社の調達データの戦略的な活用を推進している。（**図表5-14**）。

図表5-14 データ分析システム

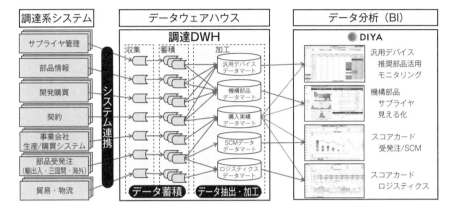

5 間接材調達

　ここまでは直接材を中心に解説してきた。ここから間接材調達の業務プロセスについてシステム事例を踏まえて解説する。

5.1 間接材

　一般的に，企業内で使われる間接材とは，製造業であれば製品，サービス業であればサービスを提供する上で必要となる原材料費以外のありとあらゆるモノやサービスのことをいう。例えば，オフィスで使用する文具・事務用品から，工場で使用する消耗工具や設備・金型部品，倉庫で使用する物流梱包資材，研究部門で使用する理化学機器，計測機器などがあり，SCM軸のあらゆるプロセスで購入される。また，対象となる商材やサービスが広く多岐にわたり，購入数量や頻度にバラツキがあるという特徴がある（**図表5-15**）。

　企業にとって間接材は，購買実態が見えづらいだけでなく，コストインパクトも大きいため，いかに適正な価格，納期で購入できるようにするかが大きな課題である。また，直接材と異なり，間接材を購入する部門は，調達部門に限

| 図表5-15 | SCM軸のあらゆるプロセスで購入される間接材 |

間接材は，製品の企画から製造，販売，保守サービスに至るSCM軸のあらゆるプロセスにおいて，多品種少量で必要な時に，頻度不定期で購入される特性がある

人事・総務 経理・財務 企画・開発 設計 試作 調達 製造 在庫 物流 販売 保守サービス リーガル 情報システム

文房具 設計開発 ソフトウェア 工場設備・副資材 物流資材 修理

らず，営業，工場，物流，総務，研究開発といった社内の全部門にまたがることから，調達の専門知識を持たないユーザも多い。したがって，下請法をはじめとする各種法令に違反しないよう，コンプライアンスを遵守し，安全・安心に購買できる仕組みづくりと，社内ルールに基づく購買統制をかけていくことが重要な取り組みとなる。

以降，間接材調達の業務について説明し，その後，購買プロセスやIT機能について説明する。

5.2 間接材調達の業務

間接材は，直接材に比べると企業・業種を超えた共通性があるが，主に，調達部門が担当するソーシング（契約業務）と，実際に間接材の見積りから発注，検収を行うパーチェシング（購買業務）の2つがある（**図表5-16**）。

ソーシングとは，実際にモノやサービスを手配する前段階で，主に調達部門が，購入先の情報収集から価格交渉，選定を行い，購入先との交渉を行う契約業務となる。またパーチェシングとは，モノやサービスを必要とする部門が，実際に手配をかけ購買を行う業務となる。

パナソニックグループでは，このソーシングを「間接材の契約業務」，パーチェシング業務を「間接材の購買業務」と定義づけしている。ソーシングは調達部門が実施し，パーチェシング業務は，実際に間接材を使用するユーザ部門が，システムにより購買申請・発注を行い，その後，購入先から納品される商品の受け取りや，提供された役務・サービスの内容確認という検収業務までを実施している。

次に，ソーシングとパーチェシングの2つを関連付けし，継続的な活動を行うための間接材マネジメントサイクルについて説明する。ソーシングとパー

図表5-16 ソーシングとパーチェシング

	ソーシング (契約業務)	パーチェシング (購買業務)
活動 ポイント	コスト合理化のための手法確立 購入先との交渉	コスト合理化の刈り取り CSR担保の購買統制
具体的な 活動	①購買実態の整理 ②RFx(※)の策定 ③購入先との交渉	①社内ルールの策定と徹底 ②見積り・発注・検収・支払いのプロセス 　統制 ③CSR担保の啓蒙
よくある 課題	①購買実績, 実態がわからない。 ②品目の選定基準が不明確。 ③適正価格がわからない。 ④新たな購入先を探すのが難しい。	①組織的な取り組み方がわからない。 ②システム運用に手間がかかる。 ③システムの利用が定着しない。 ④システム連携できる購入先が少ない。

※RFx:下記RFI, RFP, RFQの3つをまとめてRFxという。これまでの経験や勘に頼らない, 科学的,
　合理的な調達を実現するために作成する。
　・RFI (Request for Information)：購入先の会社・事業内容, 商材・サービス情報などの情報提供
　　　　　　　　　　　　　　　　　依頼書
　・RFP (Request for Proposal)　：候補となる購入先への提案依頼書
　・RFQ (Request for Quotation)　：見積依頼書

チェシングの2つの活動は, それぞれが単独で完結するものではなく, 有機的に関連付けされ, マネジメントサイクルとして, 継続的に循環させることが重要となる (**図表5-17**)。

　例えば, 調達部門がソーシングで, 優良な購入先を選定し, 価格交渉ができたとしても, ユーザ部門で, その契約内容に基づく購入先ではなく, 現場判断で異なる購入先へ発注されてしまうという課題がある。また, せっかく購買システムを導入し, ユーザ部門が利用したとしても, 蓄積された見積りデータや購買データが分析されず, ソーシングに活用されないということも考えられる。したがって, ソーシングやパーチェシングは, それぞれを独立して活動するのではなく, PDCAサイクルを回すことで, コスト合理化やCSR牽制, 業務効率化といった効果が得られるようになる。

　また, 膨大な購買データの可視化や分析を実施するためには, 購買システムだけではなく, Business Intelligenceツール (以下, BIツール) のようなデータ分析システムが必要である。定期的に分析, 評価することで, 活動結果で得られたコスト合理化やCSR違反の有無等の確認もできるようになる。

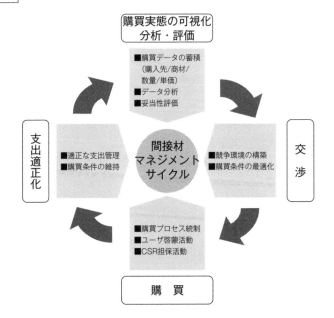

| 図表5-17 | 間接材調達のマネジメントサイクル |

**購買実態の可視化
分析・評価**

■購買データの蓄積
（購入先/商材/
数量/単価）
■データ分析
■妥当性評価

間接材
マネジメント
サイクル

支出適正化

■適正な支出管理
■購買条件の維持

交渉

■競争環境の構築
■購買条件の最適化

■購買プロセス統制
■ユーザ啓蒙活動
■CSR担保活動

購買

5.3 購買プロセス

　2022年2月より，パナソニックグループ国内拠点には，全社購買プラットフォーム「Unicornシステム」（以下，Unicorn）が導入されている。以下，Unicornの購買プロセス（**図表5-18**）と，間接材マネジメントサイクルで重要な購買実績の分析，評価（**図表5-19**）について説明する。

　Unicornには，汎用市販品・メーカー品をカタログから選択し購買する「カタログ購買」と，カタログに掲載されていない設計開発や試作，カスタム品，役務・サービス等を購入するための「見積購買」の2つのプロセスが実装されている。さらに「見積購買」は，設計開発や試作などで技術的な理由等により購入先を指定して見積りを依頼する「見積購買先決定済み」と必要な仕様を満たせば購入先を指定しない「見積購買先未決定」のプロセスに分かれている。

図表5-18 Unicornシステムの購買プロセス

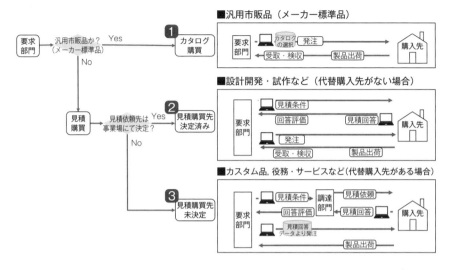

図表5-19 購買実績の分析・評価

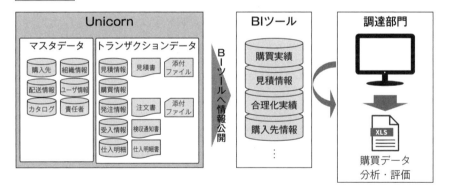

(1) カタログ購買

　現在，Unicornは，購入先が運営管理しているWebショッピングサイトと連携させており，外部のWebサイトに掲載されている約3,200万品番のカタログ品に対して，パナソニックグループ向けに契約された価格で商品の購入が可能となっている。

(2) 見積購買

「見積購買先決定済み」の場合，直接，事業部門のユーザが購入先へ見積依頼し，見積回答を取得することが可能であるが，「なぜ，その購入先1社から見積りを取得し，他の購入先から取得しないのか？」という理由をシステム登録しなければ，次のステップに進めないプロセスとなっている。

本機能により，不正購買に対する牽制を効かせるとともに，調達部門が定期的に登録された理由を確認し，さらには社内監査用のデータとしても活用している。

(3) 購買実績の分析・評価

ユーザがUnicornで購買することにより，膨大な見積りデータや購買データがシステムに蓄積されていく。現在，蓄積されたデータをDWH・BIツールへ公開し，調達部門においてデータを分析，評価を定期的に実施している。購買実績の分析により，ユーザ部門でのシステム利用状況や購入先との取引状況を確認し，次なるコスト合理化に向けた情報収集，さらには，購買の証跡データとして活用することができ，間接材マネジメントサイクルの好循環に寄与している。

5.4　間接材調達システムの構造と特徴

最後に，間接材購買プラットフォーム「Unicorn」のシステム構成と機能について説明する（**図表5-20**）。Unicornは，パナソニックグループの国内ユーザ約9万人と購入先約1万3,000社が利用し，年間の発注件数150万件が処理可能な全社プラットフォームとして構築されている。

Unicornには，先に述べた購買プロセスがシステム機能として実装されている。具体的には，事業部門のユーザが，ソーシングで決められた購入先に対して，カタログ購買や見積購買の機能を利用し，購買申請，発注することができるようになっている。また，Unicornに登録された購入先は，登録時に調達部門が業務的な利用可否の確認を実施しており，結果，適正な購入先，価格，納期で，ユーザが安全・安心に購買ができるようになっている。また納品時には，ユーザが商品を受け取り，検収操作が完了すると，その検収データが経理システムにリアル連携され，経理部門での確認，承認業務が実施されるようになっている。Unicornを通じた取引では，請求書レスでの支払いが可能で，検収・

図表5-20　Unicornシステムの構成

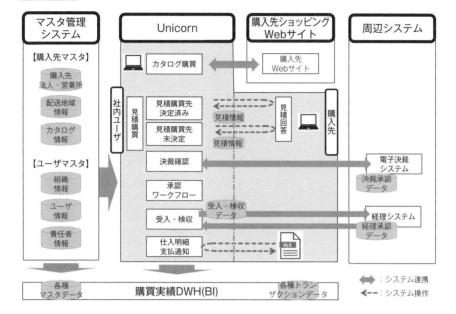

支払いの結果も注文単位の明細データとして購入先に公開している。結果，Unicornを活用することで，間接材の購買プロセス全体を可視化，効率化することができ，全社で月間8,890時間の業務効率化を実現している。

📖 参考文献

- 坂口孝則（2021）『調達・購買の教科書〔第2版〕』日刊工業新聞社。
- A.T.カーニー監修，栗谷仁編著［2009］『最強のコスト削減：いかなる経営環境でも利益を創出する経営体質への変革』東洋経済新報社。

🔍 学習課題

1．直接材購買において調達部門が要請されていることを3点以上挙げ，それらに対する取り組みを述べよ。
2．間接材調達のマネジメントサイクルのステップについて整理し，その中で，コストダウンとCSRの担保をどのように実現しているか述べよ。

第6章

物流業務

目標とポイント

◆ 物流は企業の中で，原材料や商品を保管，荷役，包装，流通加工，輸送する役割を担っており，それを情報システムでコントロールしている。

◆ 物流業務を行う拠点を物流センターといい，工場から物流センターを経由して顧客へ商品を届けるまでの全体を物流ネットワークという。

◆ 物流業務のIT化は物流センターの生産性を向上させるために，ハンディ端末や自動搬送ロボットなどに進化している。

1　物流の役割

　企業における物流の役割は，生産，販売活動で必要となる，原材料や製品を適切な場所に保管して，必要な場所に届けることである。物流という用語は，アメリカで使われていたPhysical Distribution という単語が1957年に日本で物的流通と直訳されたのを語源とし，それを略して物流となった。

　JISは，物流を「保管」「荷役」「包装」「流通加工」「輸送」「情報」の6つの活動で定義している。「保管」は商品などを一定期間棚などに置いておくことである。保管していた商品を，消費者に届けるために棚から取り出し，仕分け，荷揃えする作業のことを「荷役」という。取り出した商品を壊れないように，箱詰めすることを「包装」という。「流通加工」は，スーパーなどで使う値札などを物流段階で貼り付けることである。「輸送」は，包装した商品をトラックなどで消費者へ送り届けることである。「情報」は物流業務全体で使う物流

システムを高度化させ活用することである。この6つの活動を行う施設を，物流センターといい物流活動の拠点となる。

このような物流活動にかかるコストを物流コストといい，2022年のアフターコロナの資源高によるガソリンや電気，最低賃金の上昇などで物流コストは上昇している。売上高に対する物流コストの比率を，売上高物流コスト比率といい，日本ロジスティクス協会の調査によると2021年度の全業種平均は5.7％となり，前年度から0.32％上昇している。これは2年連続の上昇となる。

日本の企業はグローバル化が進んでおり，複数の海外工場で生産された商品が，船で日本に輸送され，物流センターに保管されたのちに消費者へ鉄道やトラックなどで届けられる。このように企業の各所で行われている物流活動をつなぎ合わせたものが物流ネットワークである。

本章では，物流活動と物流ネットワークの詳細を説明したのちにパナソニックグループの状況を説明する。

1.1　物流活動

物流活動は，保管，荷役，包装，流通加工，輸送，情報の6つの活動に分かれるが，活動の詳細は，それぞれ工場や物流センターごとに異なる。例えば，工場では，生産した商品を大量に保管する必要があるので，それに適した保管機器が必要となる。また，いろいろな種類を保管する物流センターでは，取り出し口が多い保管機器が必要となる。このように物流活動が行われる工場や物流センターによって活動の内容に違いが出る。

1.2　保　管

JISの定義によると，保管は「物資を一定の場所において，品質，数量の保持など適正な管理の下で，ある期間蔵置すること。」となる。蔵置とは，ものをしまっておくことである。ものをしまっておく場所が工場の保管場所（倉庫）や物流センターとなる。

保管は，輸送とともに物流の中核的な活動であり，調達，生産，販売などの分野において物流の緩衝機能を担う（ロジスティクス・オペレーション［2017］70頁）。倉庫や物流センターに蔵置するときに使う道具がラックであり，ラックにはいくつかの種類がある（**図表6-6**）。

(1)　固定ラック

　固定ラックとは，床に固定されている棚のことである。固定ラックのうち，1つの棚板の耐荷重150kgを超え500kg以下のものを中量ラック（図表6-1）といい，150kg以下のものを軽量ラックという。

図表6-1	中量ラックの例

出所：日本ラックシステム

図表6-2	パレットラックの例

出所：ジャロック

(2)　パレットラック

　パレットラックは，床に固定する棚だが，棚の間口を物流センターで使うパレット（荷物を載せる台）に合わせている。そのため物流センターで運搬に使うフォークリフトから，直接パレットを棚に置くことができるので，保管の荷扱いを効率化できる。耐荷重が500kg以上のラックは重量ラックともいう（図表6-2）。

(3)　ネスティングラック

　ネスティングラックは，床に固定しない棚で，フォークリフトを使って自由に動かし設置することができる。販売変動の大きい商品を扱う物流センターでは，棚の位置を自由に変更できるのでメリットは大きい。また商品が少なくなったときは，コンパクトに片付けることができる。ただし，床に固定しない分，地震の揺れに弱く，重量物を積んで保管することには向かない（図表6-3）。

出所：東大阪スチール　　　　出所：太陽設備

⑷　パレット

　パレットは，物流センターで取り扱う商品の積付け，運搬，保管に利用する道具である。運搬ではパレットに商品を載せてフォークリフトで運ばれる。またパレットラックやネスティングラックに，フォークリフトで運んだパレットごと保管できるので保管作業の利便性が高い。大きな商品はパレットに載せたまま，床に直置きで保管しておく場合もある。パレットは，樹脂でできたものがほとんどだが（**図表6-4**），一部安価な木製パレットもある（**図表6-5**）。パレットの大きさはJISではT11型（1,100mm×1,100mm×144mm）で標準化されている。この標準化によりパレットは物流センター内の作業や保管だけでなくトラック輸送にも使われるようになった。

図表6-4　樹脂製パレットの例　　　　図表6-5　木製パレットの例

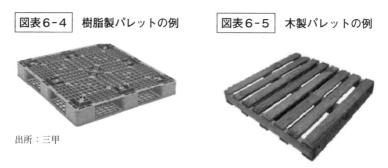

出所：三甲

出所：TSK

図表6-6 ラックの種類

分類		耐荷重 （1段当たり）	特徴	用途
固定ラック	中量ラック	150kgを超え500kg以下	• 固定式 • 耐荷重300kg〜500kgが一般的なサイズ • 耐荷重に優れているため，金属製の部品などある程度重いものも収納が可能	• 重量のある商品
固定ラック	軽量ラック	150kg以下	• 固定式 • アパレル関係や雑貨など，小ぶりの商品や軽いものの収納に適する • 倉庫以外でも工場やオフィスなどで利用 • 組み立てや分解が簡単	• 軽量な商品
パレットラック		500kg〜3,000kg	• 固定式 • 棚の間口はパレットに適合 • フォークリフトから直接パレットを棚に置くことが可能 • 電子機器や大型の商品など重いものでも対応可能	• パレット単位の商品 • 重量物の商品
ネスティングラック		1,000kg	• 可動式 • フォークリフトを使って自由に設置可能 • 未使用時はコンパクトに片付け可能 • 地震の揺れに弱く，重量物の保管には不向き	• 販売変動の大きい商品

1.3　荷　役

　JISの定義によると，荷役は「物流過程における物資の積卸し，運搬，積付け，ピッキング，仕分け，荷揃えなどの作業及びこれに付随する作業。マテリアルハンドリングともいう。」となる。

　物流センターでの荷役を時系列に記載すると次のようになる。①積卸し，②積付け，③運搬，④ピッキング，⑤仕分け，⑥荷揃え（**図表6-7**）。

図表6-7 物流センターでの荷役

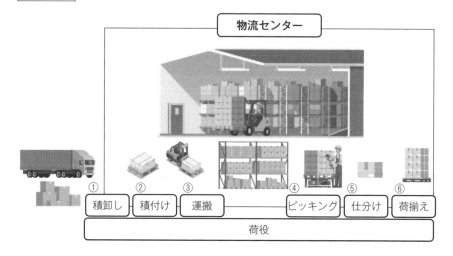

①積卸しとは，トラックの荷台から商品を取り卸す作業である。主にトラックの運転手が行う。②積付けとは，トラックから取り卸した商品をパレットの上に規則正しく積み上げる作業で，トラックの運転手が積卸しから一連の作業として行う。③運搬は，積み付けたパレットを保管棚へ移動させる作業で，主にフォークリフトを使って行う。④ピッキングは保管している商品を取り出す作業のことで，通常梱包されているケース単位で行うが，箱を開けてピース単位（バラ）で行うこともある。⑤仕分けは，商品を送り先方面別，顧客別などに分ける作業である。⑥荷揃えは出荷する商品をトラックに積み込めるように揃える作業である。

1.4 包 装

JISの定義によると，包装は「物品の輸送，保管，取引，使用などに当たって，その価値及び状態を維持するために，適切な材料，容器などに物品を収納すること及びそれらを施す技術，又は施した状態。」となる。物流活動の各過程で商品を動かすときに，衝撃や汚れを防止するための措置である。

商品の大きさや作業性などにより使われる包装材にも違いがある。

(1) オリコン

オリコンとは，折りたたみができるボックスである。使わないときは，折りたたんで保管する。オリコンの利点は，耐久性や環境面で段ボールより優れていることである。使用時の組み立てもワンタッチでできるものが多く利便性は高い（**図表6-8**）。

図表6-8 オリコン

出所：大和物流

図表6-9 かご台車

出所：モノタロウ

(2) かご台車

かご台車とは，キャスターが付いた，開口部以外の3面がパネルで囲まれた運搬用の台車である。

かご台車は，キャスターが付いているので，人手で動かすことができる。かご台車を動かしながらピッキングを行い，ピッキングが終わればそのまま，トラックの積込み場所まで持っていくことができる（**図表6-9**）。

1.5 流通加工

JISの定義によると，流通加工は「流通過程の倉庫，物流センター，店舗などで商品に加工すること。生鮮食品又は繊維品の二次加工，小分け商品化包装，値札付け，鉄鋼・ガラスなど生産財の裁断，注文に対する機器の組立て・組替え及び塗装替えなど」となる。

量販店への配送において，商品を展示しているフロアへ直接納品するためにフロア番号を印字しているラベルの貼り付けやマンションの建築現場へ搬入す

る商品に部屋番号を印字しているラベルを貼り付けするなど，納品先での効率化のための作業も含まれる。

1.6 輸 送

JISの定義によると，輸送は「貨物をトラック，船舶，鉄道車両，航空機，その他の輸送機関によって，ある地点から他の地点へ移動させること。」となる。

トラックは国内輸送の主力である。輸送する商品の形状や重量によってトラックの大きさを変えることができるのでコストを抑えられる。トラックの種類は，10トン，4トン，2トン，軽トラックなどが一般的である。

船舶は，海外の工場から日本の物流センターへ輸送する場合や，国内でも本州から沖縄へ商品を輸送する場合に使われる。

鉄道車両は貨物輸送で使われる。物流センターから最寄りの貨物ターミナルへ輸送する必要はあるが，大量輸送と定時発着の利点がある。JR貨物によると，1本の貨物車両で輸送できる貨物の量は最大650トンとなり，10トントラック65台分となる。

1.7 情 報

JISの定義によると，物流システムは「物流を対象とした情報システム。このシステムには，物流の各機能を効率化，高度化するための機能分野，受発注から配送，保管から在庫，更に調達から回収の業務分野，これらに関連した計画・実施・評価の経営過程の分野，更に，運輸業，倉庫業などの物流事業者と荷主との関係を含めた分野がある。」となる。

物流システムの基本機能は，物流センターの荷役や保管作業を支援するWMS（Warehouse Management System），輸送を管理するTMS（Transport Management System），事務所での納品伝票発行や物流業者とのEDI（Electronic Data Interchange）を行う物流管理システムの3つで構成される（**図表6-10**）。

図表6-10 物流システムの全体像

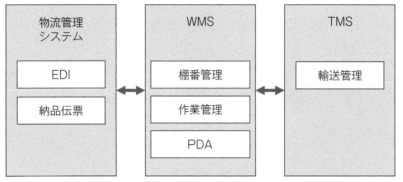

注：PDA（Personal Digital Assistant）とは携帯型情報端末のことで物流現場では商品に貼り付けまたは印刷されたバーコードや二次元コードを読み取る装置として利用されている。

1.8　物流量の単位

　物流業務の中では，多くの単位がある。商品１つひとつは，小さくとも積み上げていけば大きくなるのが物流の特性である。物流業務で使われる代表的な単位は次のとおりとなる。

　①　個数

　段ボールの数を指す。段ボール１つを１個として数える。

　②　バラ数

　段ボールの中を開けて，その中に入っている商品を小分けにすることをバラといい，その数をバラ数という。例えば乾電池の梱包の場合，梱包に入っている１つひとつの電池を指す。通常は梱包単位で作業をするが，顧客の要望に応じて梱包を開けて電池１つで納品する場合がある。この時に使うのがバラ数である。

　③　立方メートル（m^3）

　商品や物流形状の容量を示す。物流活動では大きさが重要となる。例えば保管棚の大きさは，縦・横・高さに制限があるので，その制限内で収まるように物流センターでは，商品１つひとつや，パレットに積み上げた商品などすべてを立方メートルで管理している。

2　物流ネットワーク

　物流センターは，販売物流面から見ると顧客からの注文に対して，納品リードタイム（注文から到着までの時間）を全国一律にするために，各地に配置している。

　一方，工場から物流センターに商品を供給する生産物流面から見ると，物流を効率化するために，物流センターは１～２か所に絞っている。工場から供給されない物流センターは，工場から供給されている物流センターから商品を供給されることになる。このような多段階の物流を物流ネットワークという。

　工場が海外にある場合，工場から物流センターをつなぐ輸送は，船舶が中心となる。具体的には，海外工場から輸出するための港へはトラックで輸送され，輸入した港から物流センターまでの輸送もトラックとなる。トラック，船舶，トラックと中継されるので，商品はコンテナーに入れて輸送される。コンテナーはトラックに牽引され，港へ持ち込まれ貨物船に積み込まれる。日本の港に着いた貨物船からコンテナーが降ろされ，トラックに牽引されて物流センターへ届く。

　物流センターと物流センター間の輸送は，トラックが中心となっているが，一部は鉄道輸送となっている。輸送リードタイムはトラックの方が短いが，大量輸送の場合は，鉄道輸送が有利となる。物流センターから顧客への輸送は，送り先が多く，輸送量が少ないので，４トン，２トンのトラック輸送となる。

3　パナソニックグループにおける物流業務

　物流ネットワークや物流活動は，企業ごとに違いがある。物流ネットワークは，部品の仕入先や工場の立地，顧客の場所や数によって規模が変わってくる。また物流活動も物流センターで使われる棚の種類や荷役の内容によって違いがあり，物流の生産性は，その組み合わせによって違いが出てくる。よって物流業務は，より多くの事例を比較することが有益である。本節からパナソニックグループの日本地域を中心とする物流業務の事例を説明する。

　パナソニックグループの特徴は，工場の多くは，中国やマレーシアなどアジアにあり，生産した商品は船で日本へ輸送している。日本では，東京と大阪に

大型の物流センターを構え，海外工場からのすべての商品を受け入れる。また東京・大阪の物流センターから遠い北海道や九州に地域物流センターを設置している。顧客は，量販店や電器専門店，代理店など固定の相手先となっているため，輸送形態は定期便（毎日同じところを配送）となっている。

3.1 物流組織

物流組織は，事業会社の事業部門，営業部門そして間接部門にそれぞれ物流部門を設置していて，組織それぞれで必要な物流業務を遂行している。またパナソニックオペレーショナルエクセレンス株式会社には，パナソニックグループ共同の物流センターや貿易業務を遂行している物流本部を設置している（**図表6-11**）。

図表6-11 物流組織

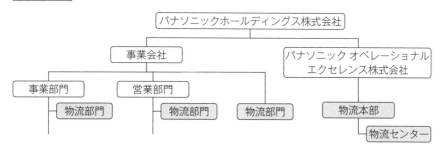

3.2 パナソニックグループの物流ネットワーク

「調達物流」，「生産物流」，「販売物流」のそれぞれの領域で行われている物流活動をつなぎ合わせたものが，物流ネットワークである。物流ネットワークの主要な構成要素は，「倉庫」，「物流センター」，「作業者」，「船・鉄道・トラック」である（**図表6-12**）。

図表6-12 物流ネットワーク

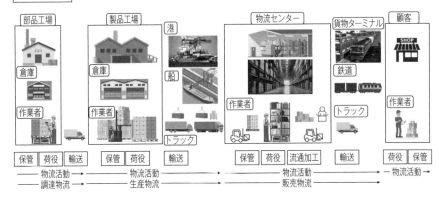

図表6-12から部品工場，製品工場，物流センターそれぞれで，物流活動が行われていることがわかる。部品工場を中心とする調達物流，製品工場を中心とする生産物流，物流センターを中心とする販売物流それぞれの特性に応じて1つひとつの物流活動で使う道具が異なる。

例えば，「保管」は，部品工場，製品工場，物流センターそれぞれで行われているが，部品工場は，小さな部品を扱っているので，それに合わせた小さな棚を使って仕事を行い，製品工場は製品の大きさに合わせた棚を使って仕事を行っている。また物流センターは沢山の商品を扱っているので，いろいろな種類の棚を使って仕事をするなど，「保管」という仕事は，場所と取り扱っているモノ（製品，部品）によって違いがある。

「輸送」も同じである。輸送で使われる主な道具はトラックとなるが，工場が海外にある場合は，工場から港まではトラックで輸送し，そこから船に積み替え輸送することになる。日本の港に着いた後は，またトラックに積み替えられて物流センターへ到着する。物流センターから顧客へ輸送する場合は，鉄道を使うケースがある。この場合は，物流センターからトラックで貨物ターミナルへ輸送し，顧客の最寄りの貨物ターミナルへ輸送される。その後トラックに積み替えて，顧客へ届けられる。

物流ネットワークを見ると，直列的で単純なように見えるが，企業の工場は製品別に複数に分かれており，それに合わせて部品工場も複数に分かれる。また顧客も複数に分かれるため，実際の物流ネットワークはツリー構造となって

図表6-13 ツリー構造の物流ネットワーク

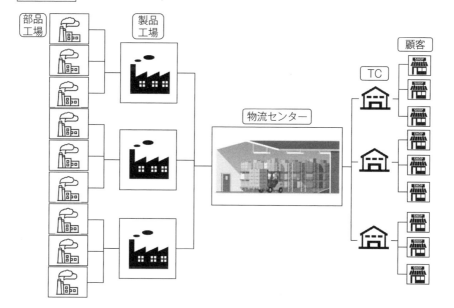

いる（**図表6-13**）。

　図表6-13の物流センターは1つになっているが，物流センターで扱う商品の量と顧客数の増加，顧客へのリードタイムの確保などの理由により複数に分かれる。多くの顧客は注文後の翌日配送を望まれるため，地域別の物流センターを配置することになる。日本を北海道，東北，関東，中部，関西，九州のように6地域に分け，各地域に商品を分散配置し，受注時に受注地域の倉庫在庫を引き当てることで注文後の翌日配送が実現でき，顧客要求を満たすことができる。

　物流センターから顧客への配送は，納品する顧客数の多さによって，TC（Transfer Center：通過型センター）を経由させる場合がある。TC機能は物流倉庫からの幹線輸送による大量商品を顧客別に仕分けし，複数の小さなトラックに積み替えて顧客への小口配送をする機能である。仕分けを行わず，複数の商品別保管倉庫から予め仕分けされた顧客別ユニットロードを活用して商品を顧客別に積み替えるだけの機能をクロスドッキングと呼ぶ。

　TCは輸送業者のトラックターミナルを活用する場合も多く，他社商品との共同配送で送り届けることができる。

図表6-14はパナソニックグループの製品物流ネットワーク例である。全国に25拠点を持ち，配送便は1,200台／日が顧客向けに稼働している。

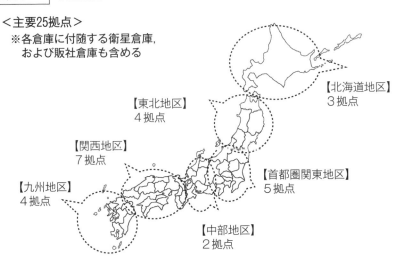

| 図表6-14 | 拠点配置 |

＜主要25拠点＞
※各倉庫に付随する衛星倉庫，
　および販社倉庫も含める

【北海道地区】
3拠点

【東北地区】
4拠点

【関西地区】
7拠点

【九州地区】
4拠点

【首都圏関東地区】
5拠点

【中部地区】
2拠点

3.3　パナソニックグループの物流拠点例

　パナソニックグループには幅広い商材がありそれぞれの販売ルート別に物流ネットワークを有しており，ここでは電気設備事業の大型拠点として運営されている物流センターについての状況を解説する。

　まずは対象となる商流について下記**図表6-15**に示す。

| 図表6-15 | 電気設備事業の商流 |

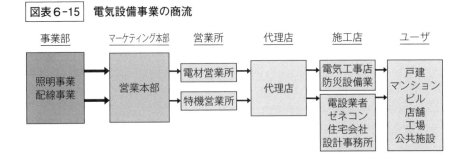

事業部　　マーケティング本部　　営業所　　代理店　　施工店　　ユーザ

照明事業
配線事業

営業本部

電材営業所
特機営業所

代理店

電気工事店
防災設備業

電設業者
ゼネコン
住宅会社
設計事務所

戸建
マンション
ビル
店舗
工場
公共施設

左の事業部からマーケティング本部，営業所へ商品は社内間で取引され，お客様である代理店（卸業者）へ販売される。

商品が電気設備資材であるため代理店から先は工事現場へ設置する工事業者が代理店から商品を仕入れてマンションやビル工事現場で設置施工される。この商流に対しての物流フローは**図表6-16**のとおりである。

| 図表6-16 | 電気設備事業の物流フロー |

【物流フロー】

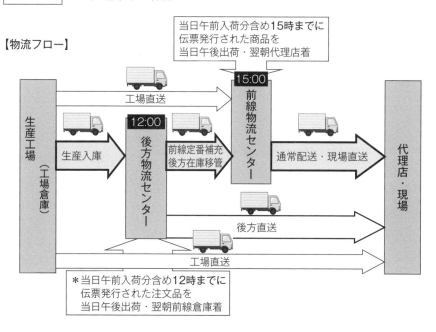

生産工場→後方倉庫→前線倉庫→代理店・工事現場という商流に沿った物流フローで配送される以外に，代理店を介さずに直接生産工場や後方倉庫から工事現場へ運ばれるフローなど前線物流センターや後方物流センターを省略した物流フローも配送効率や工事納期の関係で実施される。

前線，後方ともに物流センターでは**図表6-17**に示すような倉庫内作業が基本となる。入荷検品→仕分け→入庫検品→格納・保管→出庫・ピッキング→出荷検品・梱包→方面別仕分け→積込み，そしてこの後に棚卸し作業などを行い1日の作業が終了する。

倉庫内作業の流れ

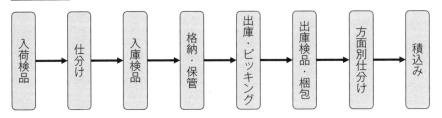

入荷検品 → 仕分け → 入庫検品 → 格納・保管 → 出庫・ピッキング → 出庫検品・梱包 → 方面別仕分け → 積込み

図表6-18　小物ピッキングフロー

例）バラ出庫※PDA運用

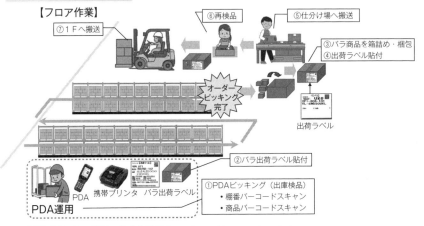

PDA・携帯プリンタ　出所　株式会社サトー　https://www.sato.co.jp/

　次に事例として具体的な小物の出荷作業について解説する。

　物流センター内の作業で一番時間がかかる作業はピッキング作業であり，小物のバラピッキング（箱を開梱して中の商品のみを取り出す）作業は特に工数がかかる作業となっている。

　図表6-18に示すように小物棚内をカートで一筆書きのように巡回しながらオーダーに基づき対象商品をピックしカートに積む。オーダーが完了した時点でピックした商品を出荷先単位の箱に梱包し，出荷先ラベルを貼り付け，再検品して封函し1階の出荷フロアへ運ぶ。この作業を1日の作業時間内で繰り返

し、行い全出荷量が完了するまで続ける（**図表6-19**）。

　個人の作業能力と投入人員により出荷能力のコントロールは可能であるが，出荷波動を読みながら人員計画をするのは容易ではない。

図表6-19 ピッキング作業写真

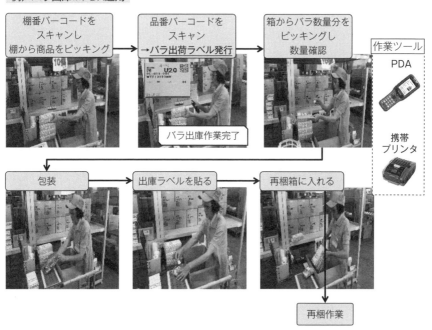

PDA・携帯プリンタ　出所　株式会社サトー　https://www.sato.co.jp/

3.4　物流システムの基本構成

　パナソニックグループでの物流業務はすべて物流システムを使って行われている。物流システムは，物流センターの荷役作業管理，保管管理を行うWMSと配送管理を行うTMS，事務所での納品伝票発行や入荷／出荷量や在庫量の把握を行い，仕入れ先である物流事業者への支払い，荷主への物流費請求，および各種データ管理を行う物流管理システムで構成されている。

　また，物流管理システムは上位の生産管理システムや受発注システムと連携

して，必要な情報の受け渡しを行っている。生産管理システムと連携して工場で生産・出荷した情報を事前に入庫情報データ（ASN：Advanced Shipping Notice）として受け入れ，入荷時に商品のバーコードを読むことで入荷実績データ処理を完了できるようデジタル化し，間違いのない入荷を実現している。

地域物流センターの定番商品は物流在庫管理システムで計算された在庫量に基づき，受発注システムを経由して在庫補充指示が物流システムに連携している。そして，得意先からの注文情報は，受発注システムから納期に応じて得意先への出荷データが連携される。また，物流業者とは配送データを物流管理システムのEDI機能を使って連携を行っている。これらのシステム連携図は，**図表6-20**のとおりとなる。

図表6-20	パナソニックグループの物流システム全体図

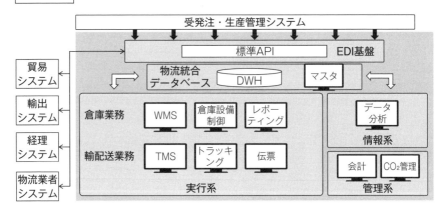

次に物流システム内の個別システムと，連携する各システムの機能について説明する。

⑴ WMS（Warehouse Management System）

WMSは，物流センターの荷役・保管および作業管理を行う機能を持っている。荷役は2つの機能に分かれている。1つは，入荷／入庫機能である。入荷機能とは工場から運ばれてきた商品を物流センターが受け取ったことを確認する機能である。工場から運ばれてくる個々の商品にはバーコードラベルが貼付されているので，そのラベルをバーコードリーダーでスキャンすることで入庫

予定情報として上位生産管理システムから転送されたデータと照合し，入荷処理が完了する。その後，倉庫内のどの棚に格納するのかを指示し棚入れが完了したことを確認する機能が入庫機能である。入荷完了した商品に対して入荷バース（トラックが接車し，荷物積み降ろしなどに使用するスペース）で格納する棚が表示された棚ラベルを発行し，それを商品に貼り付けることで作業者が格納する棚を間違えないようにできる。

　2つは，ピッキング機能である。ピッキングは配送距離から逆算して，遠くからピッキング締め時間を設定し，その時間が来れば，ピッキングリストを出力する機能となっている。ピッキングリストが出た時点で，作業員はピッキング作業を開始する。ピッキングリストは紙に出力する場合や，PDAを使う場合がある。紙は1つの商品を大量にピッキングする場合に使い，PDAは多品種少量のピッキングを行う場合に使う。紙かPDAの使い分けは，商品を保管するロケーションによって分けられている場合が多い。

　ピッキングリストによる作業は，パレットラックやネスティングラックによって保管されている商品を出荷するときに行われる。自動倉庫や自動倉庫ロボットで管理されている商品に対しては，自動倉庫や自動倉庫ロボットシステムへピッキングデータを伝送し，自動倉庫や自動倉庫ロボットで作業が終了した時点で終了情報を受け取るような機能となっている。

　保管は，2つの機能に分かれている。1つは工場から受け入れた商品が，指定棚番があるフロアに搬送された後，当該の棚に格納した後に，棚番と品番を紐付け，棚に格納したことを完了して在庫計上する機能である。

　2つは，ピッキング作業終了後に循環棚卸を行うための，循環棚卸表を紙，またはPDAに出力する機能である。保管棚の在庫更新タイミングは，棚に格納して棚番と商品のバーコードをスキャンした時に，在庫をプラスし，ピッキング時に棚番とピッキングラベルをスキャンした時に，在庫をマイナスする。一連の作業の流れとWMSの機能を図示する（**図表6-21**）。

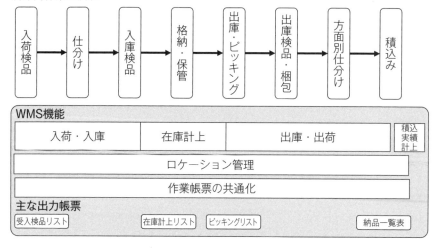

図表6-21 倉庫内作業に対応したWMSの機能

倉庫内作業の流れ

入荷検品 → 仕分け → 入庫検品 → 格納・保管 → 出庫・ピッキング → 出庫検品・梱包 → 方面別仕分け → 積込み

WMS機能

入荷・入庫	在庫計上	出庫・出荷	積込実績計上

ロケーション管理

作業帳票の共通化

主な出力帳票

受入検品リスト　在庫計上リスト　ピッキングリスト　納品一覧表

(2) TMS (Transport Management System)

TMSは，配車管理機能と輸送管理機能を有する。配車管理は2つの機能を持っていて，1つは当日の出荷方面別の出荷量を確認しながら，手配していたトラックが不足した時に，追加の手配をする機能である。物流管理システムから連携されたデータに基づき，出荷方面別の出荷量をリアルタイムに増減させ，手配した車両数を超えた段階でアラートを出し，増車手配をする準備を行う。実際に増車手配をした段階で，情報は物流管理システムを経由して物流業者へEDIデータとして伝送される。2つは，業者管理機能である。配送業者は，定期で契約している業者以外に，スポットで契約する業者や路線業者など多岐にわたっている。輸送業者は，物流品質にも直結する場合があるので，業者ごとの状況を管理しておくことが重要となる。日々の運行状況や契約単価，品質状況をアーカイブスデータとして保管し，いつでも分析できるようにしておくことが業者管理である。

輸送管理機能は，日々の配送状況をトラッキングする機能である。トラックの運行状況は日々の道路状況や得意先での積み下ろし時間によって変わることがある。得意先からはスマートフォン，PCなどのデジタル機器でトラックの運行状況がリアルタイムにわかるようになっている。

(3) 物流管理システム

　物流管理システムは，大きく分けて３つの機能を持っている。１つは，生産管理システムや受発注システムなど物流システムと連携するハブ機能である。物流システムの連携先は多く，その接続形態もバッチ連携，リアルタイム連携，EDI連携と多様となっている。システムの信頼性を上げるためには，その機能を１か所にまとめておくことが効果的と考えられる。２つは，得意先へ配送する時の納品書の作成機能である。納品書は，得意先によって指定される様式があるので，その様式に沿ってオーバーレイによるプリント（予めプリンターにフォームを登録し，印刷データとフォームを重ね合わせて印刷する印刷方法）を行うことで，専用用紙ではなく一般紙でプリントを仕分ける方式となっている。３つは，物流センター管理機能である。この機能も３つに分けられる。１つは，業者管理機能である。物流センターは，荷役や配送などで多くの業者に業務を委託している。日々の業務量に応じて支払金額が決まるので，日々の業務量を蓄積し，月次で業者からの請求受入と照合を行い，照合分については自動支払いを行う。２つは物流センターの収支管理機能である。物流センターの荷扱い量は，売上の変化に大きく影響を受ける。特に販売が拡大し，荷扱いが増えた場合は，例外的な支払いが多く発生する傾向にあるので，勘定科目別に支払いを管理する機能が必要となる。３つは，品質管理機能である。物流センターは多くの作業員が働き，多くの得意先へ配送している。日々の品質確認機能と異常が発生した場合の発生原因および対処についての履歴情報をアーカイブに残す機能が必要となる。

3.5　物流情報機器の進化による作業の効率化：物流DX

　過去の物流センターでの作業は伝票やリスト帳票中心の作業であったがWMSが普及しPDAなどの物流情報機器の整備が進み多くの作業がIT化され，作業が効率的に行われるようになった。

　入荷・入庫作業，出庫・出荷作業などは基本的にPDAを活用したペーパーレスの作業によりリアルタイムに在庫計上や出荷引当，出庫検品作業ができ，リードタイム短縮につながっている。

　また近年はロボットやAI技術の進歩により様々な新しい自動化設備が開発され一番時間のかかる作業であるピッキング作業の効率化が一層進んできている。

従来のピッキングの効率化はピッキングカートやDPS（Digital Picking System）など人が棚の間を移動して商品を探しやすくする補助的な指示器具（ランプ表示やカートに取り付けたタブレット表示）が主流であった。ところが近年のECの拡大に伴いピッキング作業のより効率的な手法として棚がピッキングする人のところへ自律的に移動するGTP（Goods to Person）と呼ばれる設備が導入されてきている。これはアマゾン，アリババ，ジンドンなど巨大なEC事業者の倉庫に導入され始めて普及した設備である。

　パナソニックグループのB to B物流センターでも配線器具などの小物商品のピッキング作業に導入されている（**図表6-22**）。

| 図表6-22 | GTPシステム

　配送の場面でもGPS（Global Positioning System）の活用により従来のドライバーの日報管理からリアルタイムでの運行管理ができるシステムがTMSに組み込まれてきている。

　この仕組みはドライバーに持たせる端末もしくはドライバー所有のスマートフォンにアプリケーションを組み込み，GPS位置情報をリアルタイムで監視することで配送状況が地図上に一目でわかるように表示できる（**図表6-23**）。そのアプリケーション機能に検品や納品確認を追加することで受領書POD（Proof of Delivery）のペーパーレスにもつながる。

図表6-23 実際の配送管理システムの管理画面例

　以上のように近年の物流センターはDXが不可欠となってきておりデジタル機器やAIロボットの活用が今後の物流現場における労働力不足解消の一助として重要性が増してきている。

📖 参考文献

- 石川和幸［2018］『エンジニアが学ぶ物流システムの「知識」と「技術」』翔泳社。
- 苦瀬博仁［2017］『サプライチェーン・マネジメント概論』白桃書房。
- 苦瀬博仁・坂直登監修，中央職業能力開発協会編［2017］『ロジスティクス・オペレーション3級〔第3版〕』。
- 苦瀬博仁［2021］『ロジスティクス概論（増補改訂版）』白桃書房。
- 李瑞雪・安藤康行［2022］『業界別物流管理とSCMの実践』ミネルヴァ書房。
- 株式会社ジャロックWebサイト
  https://www.jaroc.com/products/keep/palette（2023年3月参照）
- 株式会社太陽設備Webサイト
  https://www.taiyousetubi.com/product/nesrack/nesrack.php（2023年3月参照）
- 三甲株式会社Webサイト
  https://www.sanko-kk.co.jp/products/pallet（2023年3月参照）
- TSK株式会社Webサイト
  https://www.buturyu-palette.com/（2023年3月参照）
- 日本ラックシステム株式会社Webサイト
  https://at-steel.jp（2023年3月参照）

第6章

物流業務

● 東大阪スチール株式会社Webサイト
　https://www.tanasize.com/（2023年3月参照）
● 大和物流株式会社Webサイト
　https://www.daiwabutsuryu.co.jp/useful/words/folding-container（2023年3月参照）
● モノタロウWebサイト
　https://www.monotaro.com/p/4982/7496/?utm_id=bi_pla&utm_medium=cpc&utm_
　source=bing&utm_campaign=shopping_424303920&utm_content=49827496&msclkid=07f
　194a52f9b1553aa1bf7c5cc706954&utm_term=4588330747052053（2023年3月参照）

 学習課題 ─────────────────────────

1．物流センターの作業において，IT化による自動化の重要性を述べなさい。

2．物流ネットワークを構成する要素を書き出し，それぞれの機能を述べなさい。

3．他業界の物流システムの例を挙げよ。

第7章

経理・財務業務

目標とポイント

◆ 業務効率などのパフォーマンスを最大化させる仕組みを作り上げるために，経営数値面から目標設定，実績管理，評価までのプロセスを担っている。

◆ 企業は，株主，取引先，従業員などの社内外の関係者に対しても迅速に経営数値を公表しなくてはならない。経営数値を預かる重要な業務である。

◆ 経営管理の目的，全体像，会計記録の必要性やそのタイミング，企業会計の基本的な機能，そしてそれらを支えるシステムの重要性とシステム構造を理解すること。

1 経理・財務業務領域の概念

　経理・財務業務範囲は企業によって様々であり実に奥が深い。その定義や考え方，仕組みについても会社ごとに異なる。経理・財務業務は経営管理全般を担い，経営者を補佐する立場として位置付けられている。経理と経営管理は等しく，経営管理は経理そのものであるともいえる。以降，経営管理の全体像を説明する（**図表7-1**）。

　経営管理業務の中核を担うのが会計処理である。会計は，財務会計と管理会計に分類され，さらに財務会計は制度会計と制度外会計に分類される。会計処理によって，企業活動などで発生するお金や物品の取引の記録，計算や管理全般を行い，企業外部の利害関係者と企業内部の経営者に対して経営活動を数値化して報告することができる。会計処理に必要なのは，調達・生産・製造・販売・労務などの業務から発生する情報であり，適切なタイミングと粒度で集

127

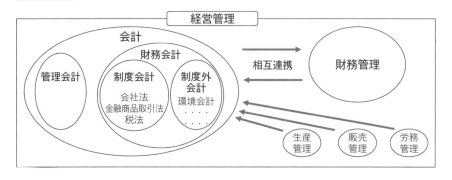

計・計算させることで，企業の決算書の作成や税金の申告などを行える。

　財務会計は財務諸表を元に企業の会計に関する情報を企業外部の利害関係の
ある株主や債権者に提供することを目的とする会計のことである。財務会計は
さらに制度会計と法規制外の財務会計に分類される。制度会計は，財務会計に
おいて，会社法・金融商品取引法・税法の枠組みの中で財務諸表が作成される。
管理会計は売上を伸ばす施策やコストの削減方法など自社の経営の改善や成長
に活かすために作成する社内向けの会計である（**図表7-2**）。

　会計処理と連携して重要なのが財務管理となる。財務管理では，資金面から
企業の経営や発展をサポートし未来のことを扱うことに重点を置き，資金調達，
資産運用を始め資産や資金の構成，会社の合併や買収，企業価値の算定など幅
広い分野に及ぶ。事業に必要な資金を集めて健全に運用して事業を行い，事業
を通じて得られた収益を基にさらに運用して企業価値を上げる。

　経理・財務業務は，このように経営管理の中核として相互の業務が密接に関
連しており，企業経営の諸活動を意図的に調整・総括し，その目標の効率的な
達成を図るために，目的，業務ルール，範囲，統制方法等を定義しPDCAを回
していくことが重要となる。

	制度会計	管理会計
目的	企業外部ステークホルダーに対し，営業活動の成果を財務諸表として報告する。	企業内部のステークホルダー間に経営管理に役立つ会計情報を提供する。
実施内容	B/S（貸借対照表）・P/L（損益計算書）・C/F（キャッシュフロー計算書）などの財務諸表の作成と開示	事業計画書，取締役会等の情報提供や中期経営計画書，業績評価用資料などを作成する。
ルール	会社法，金融商品取引法，税法の一定の日本国や国際ルールに準じ，会計の処理と報告をする。 企業間の比較ができる。	各企業の経営の考え方に基づくために一般の作成ルールなし，経営者の意向で決まる。
期間範囲	過去の経営の結果を示す。	未来に向けたもの
内容範囲	単体業績，グループ全体の連結業績	事業・組織・地域などのセグメントに分かれた個別性
利益概念	会計制度に基づいた利益概念	経営の意思決定や業績向上に役立つ利益概念

2 財務会計（制度会計）領域

2.1 財務会計（制度会計）業務の範囲

　経理・財務業務は他の業務に比べると企業・業種を超えた共通性が高いが，企業によって定義や考え方や異なる面もある。本章においては，単体会計領域の基本的な5つの業務「一般会計」「債権管理」「債務管理」「固定資産管理」「決算」に絞り説明する。

　個別業務の説明に入る前に，会計業務の基本的な流れについて説明する。企業活動の中で各種取引が発生する都度，「仕訳」という形で取引を「仕訳帳」に記録する。仕訳は「勘定科目」で表現され，各種仕訳の情報を勘定科目単位で「総勘定元帳」に転記した後，決算処理のタイミングで「試算表」として集計し，最終的に各種財務諸表を作成する（**図表7-3**）。

　仕訳帳や総勘定元帳を主要簿と呼ぶが，それぞれの勘定について，さらに詳細に管理する場合に作成する帳簿を補助簿と呼ぶ（**図表7-4**）。

　これらの帳簿類を作成するために目的別に業務が分類されており，以下，各

業務について概要を説明する。会計の専門用語については，会計の基本となる
書籍類を参考にさらに学習を深めていただきたい。

図表7-3　会計業務の基本的な流れ

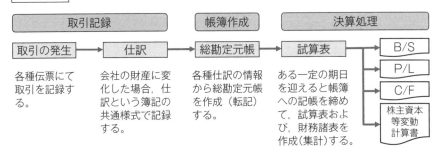

図表7-4　補助簿の種類（例）

販売	売上帳	：売上の明細を記録しておく帳簿
	得意先元帳	：得意先別に債権を管理する帳簿
購買	仕入帳	：仕入の明細を記録しておく帳簿
	仕入先元帳	：仕入先別に債務を管理する帳簿
在庫	製品有高帳	：自社で製造した物品の受入・払出・残高を管理する帳簿
	商品有高帳	：他社より仕入れた商品の受入・払出・残高を管理する帳簿
	材料有高帳	：材料の受入・払出・残高を管理する帳簿
その他	当座預金出納帳	：日常的な当座預金の出入を管理する帳簿
	現金出納帳	：日常的な現金の出入を管理する帳簿
	固定資産台帳	：固定資産を1物品ごとに管理する帳簿
	給与台帳	：社員の給与・賞与を管理する帳簿

(1)　一般会計

　振替伝票処理，取引先との債権債務管理以外の処理，人件費処理，各種経費
処理や立替精算など，単純な伝票処理が対象となる。

(2)　債権管理

　売上債権やその他債権を取引先別に計上から請求，入金，消込，残高を管理
するが，入金処理においては債権明細の消込や受取手形などの管理も対象とな

る。商品やサービスの提供後に納品書・請求書を発行，取引先から請求額を回収して，債権（請求）残高を管理するのが債権管理の業務となる。「売掛金」はその支払いを受ける権利を指し，事業活動から生まれる債権であるのに対して，「未収金」は本来の事業活動以外で得られた債権のことを指す。

(3) 債務管理

　仕入債務やその他債務を取引先別に計上から請求書受領，支払い，残高を管理するが，支払処理においては支払方法や支払手形などの管理も対象となる。材料やサービスの提供を受けた後に納品書・請求書を受領，取引先へ支払って，債務（支払）残高を管理するのが債務管理の業務となる。「買掛金」はその支払う義務を指し，事業活動から生まれる債務であるのに対して，「未払金」は本来の事業活動以外で得られた債務のことを指す。

(4) 固定資産管理

　固定資産とは，事業のために購入した資産で，1年を超えて使用され，土地・建物や工場の設備や什器・備品など形を認識できる固定資産を「有形固定資産」，ソフトウェアなどのように見ることはできなくても機能を有する「無形資産」，その他に「投資その他の資産」に区分できる。資産を管理する場合，資産ごとに資産管理No.を付与して，資産登録から移動，除売却，廃棄などの管理を行う。固定資産のうち，時間の経過とともに価値が減少するものについては，減価償却という費用化する手続きが行われる。

(5) 決　　算

　企業活動は永続的に続く前提で活動しているが，人為的に期間を区切らなければ財政状態や経営成績を確定させることはできない。会計上の期間を区切るために行われる一連の手続きを決算という。会計業務の中心となる業務であり，財務諸表を作成する業務が範囲となる。貸借対照表や損益計算書を作成することがゴールであり，経理部門の業務の多くは，この決算作業に費やされる。
　決算を行う期間は，最長で1年と決められているが，金融商品取引法では四半期ごとの決算処理が必要とされている。企業によっては月次決算を実施しているが，これは任意で行う管理会計領域の活動となる（**図表7-5**）。

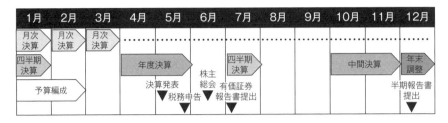

2.2　財務会計：単体会計システムの構造と特徴

　単体会計システムの全体構造について説明する。前述した5つの業務のうち，一般会計，決算を中心に債権管理，債務管理，固定資産という会計業務が周辺に存在する。さらに，これらの会計業務の周りには販売管理，購買管理，生産管理，在庫管理などの業務が存在する。つまり，会計業務は他の業務と密に連携しており，それらの業務システムで発生するデータは，単体会計システムに会計業務に必要な形式，仕訳データとして登録されることになる（**図表7-6**）。

図表7-6　単体会計システム全体構造

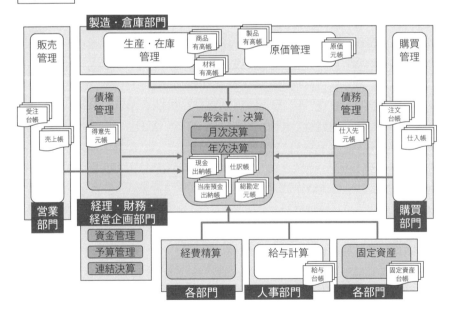

データの登録方法は，画面からの入力のほかに，データを周辺の業務システムから会計システムへ自動的に連係させることで業務を効率化している企業も多い。データ連係の場合はタイミングを意識しておく必要がある。決算処理は予め人的な区切りを設けているが，日常業務は会計とは関係なく進んでいる。各業務システムが決算時点で締め切る手順を設計段階で考慮しておかなければ，適切なインターフェースを確立することができない。

続いて，各機能別の構造とシステム構築における特徴を説明する。

(1) 一般会計

単体会計業務の範囲で述べたように各種伝票の入力などがメインとなる機能である。また，この機能を経由して入力された伝票データは決算処理に必要な仕訳データとして加工されるため，仕訳データを生成するための基本となる勘定科目などの取り決めが重要となる。

また，財務諸表を作成するまでのプロセスに必要な情報を定義することと，登録すべき伝票の発生量やそのパターンを事前に調査して自動化範囲の定義や，伝票登録を誰が行うのか，利用者に応じた画面設計が重要となる。

(2) 債権管理

債権管理は，国内と海外取引とでは大きく商習慣が異なり，どちらかといえば，日本国内の取引は特殊なケースと考えられる。ここでは国内のケースのみを取り扱う。

国内では，商品に関する請求は月次サイクルで行うのが通例であるが，未収金については都度と月次サイクルの両方がある。それらは取引先との商慣行の中で，請求対象の期間や取引高に応じた値引きやリベートと呼ばれる報奨金などを差し引いた形での請求も行われるので，契約条件に応じたシステム構築が必要となる。

入金処理は，銀行振り込み，手形，期日現金，ファクタリングというものがあり，どの債権・請求明細に対する入金であったのかを確認する必要がある。そのプロセスとシステム化の範囲・方法を決めることがポイントとなる。できるだけ回収業務の自動化や請求明細の自動消込が行えるように，システム設計を行うことが業務効率化につながる。

(3) 債務管理

　債務管理は，材料や商品を仕入れた場合に購買管理のシステムから自動的にデータ連係が行われるケースと，取引先からの請求書をもとに画面から手入力するケースがある。請求書を各部門が入力，支払い前のタイミングで経理部門が請求書との照合を行う。取引先への支払いタイミングも考慮し，経理部門の業務が月末などに集中しないよう，業務設計を行う必要がある。

　近年，紙の請求書を送付されるケースから，電子データの請求書受入も増えており，それぞれの処理に対応したシステム設計が必要となる。伝票入力は，一般会計と同様にデータ入力の負荷を低減させる仕組み，他のシステムからデータ連係を意識した設計を行う必要がある。電子データによる請求は，電子帳簿保存法に準拠してデータでの保管，検索が実現できるようにシステム化を実現させなければならない。

　債務は，支払予定日を基準に，取引先と取り決めた支払方法に従って，銀行送信向けにファームバンキング用のファイルを作成し振込処理を行う。支払処理前には金額に応じた承認プロセスがある。支払処理を行う前には対象の支払明細を確認し，支払保留を行えるような機能も装備する必要がある（**図表7-7**）。

| 図表7-7 | 支払処理プロセス |

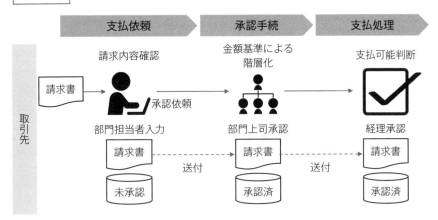

134

⑷　固定資産管理

　固定資産の購入時には，固定資産マスタに情報を登録する。その後，移動，除売却，廃棄などの事象が発生する都度，固定資産マスタの情報をメンテナンスする必要がある。

　固定資産マスタに登録後，減価償却処理を行う必要があるが，減価償却の計算は，償却方法や耐用年数の情報をもとにシステムで自動計算されるのが一般的である。プロセスとしては単純であるが，この計算基準は，会計基準や管理会計との関係を考慮すべきである。また，金融商品取引法，会社法上の固定資産の扱いと税務上の扱いは異なる面もあり，それぞれの要件に基づいた対応が必要となる。

⑸　決　　算

　決算時特有の処理としては，決算整理仕訳の登録等が必要となる。決算整理仕訳には，①減価償却費の計上，②各種引当金の計上，③費用の見越し・繰延べ，④棚卸資産の評価，⑤有価証券等の評価などがある。各処理の詳細説明は省くが，一般会計の機能と同様に，効率的にデータ入力あるいは自動計算が行えるような工夫が必要となる。

　決算手順において大切なことは，帳簿の締め切り処理である。複数システムの金額を段階的に集計しながら進められるので，あるシステムの金額が変更されると集計のやり直しが生じる。つまり，締め切り処理の手順とタイミングは，システム設計段階において業務運用を確認しながら行う必要がある。

3　管理会計領域

3.1　管理会計業務の範囲

　管理会計領域における業務として，業績管理，予実管理，利益管理，原価管理などがあるが，事業の開始年度に設定された計画（Plan）に対して，事業活動を実施（Do）していくが，PlanとDoの差異を確認（Check）して，その差異を埋めるための施策を実行（Action）につなげ，継続的に管理していく。これらの管理業務を会計数値的に管理していくことを管理会計と定義している。ここでは，業績管理と予実管理の考え方について説明する。

(1) 業績管理

　業績管理には，組織別業績管理，事業別業績管理，プロジェクト別業績管理等があり，それぞれの目的に応じてパフォーマンスの評価を行うためのものである。主要業績管理指標としてKPI（Key Performance Indicator）があり，業績の良し悪しを判断し，アクションにつなげていくことになる。業績の達成度を明確にし，未達成の場合は，計画に近づけるための対応策を実行する。

　業績評価において重要なのは，採点基準である。適正な採点基準を設定すれば，人や組織はあるべき行動を取る。採点基準の設定には，KPIをコントロールするためにモニタリング指標および管理すべき財務諸表項目の設定，そして管理サイクルの定義が必要となる。

(2) 予実管理

　予算は，その企業の会計年度に合わせて，業績管理を行う際に実績と対比する上でルールに基づいて作成される。管理する種別や粒度を決める必要があるが，業績管理と対比すべき組織別や事業別に加えて，機能別（販売・設備・人件費・研究費等）に予算を立てるケースもある。

　会計年度の期初に作成した予算（計画）は，1年を通して見直さない企業もあるが，環境変化に応じて迅速に対応するために，年度内に適正なタイミングで見直すケースも多い。ただし，入力する現場の負荷を考慮してフレキシブルな対応ができるように業務設計をしておくべきである。

3.2　管理会計システムの構造と特徴

　管理会計は，同一企業内で複数の事業を経営している場合においても，経営者・事業責任者のニーズに対応したシステム構造が望まれる。また，管理会計に必要な情報は財務会計や周辺システムから効率的に入手できなければならない。システム構造としては，企業グループ内でプラットフォームを共通化することと，ニーズに柔軟に対応できるシステム構成が望まれる（**図表7-8**）。

(1) 業績管理

　管理会計プラットフォームに集まったデータを活用して業績管理の仕組みを構築するが，経営者・事業責任者が求めるKPIを適切に設定でき，算出可能であること，責任者がコントロールできる範囲の情報（売上や部門費用）とコン

図表7-8 管理会計関連の共通プラットフォーム

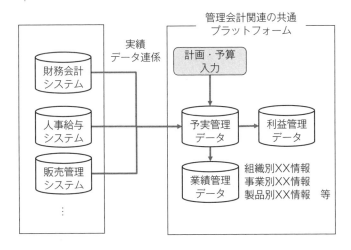

トロールできない情報（複数の部門で共通的に発生する費用）を分離して管理できることがシステム構築上で重要になる。

　KPIの計画と実績を比較し，差異の原因追及と改善アクションを決めていくために，売上高であれば売上数量と売上単価，売上原価であれば固定費と変動費等に分解された情報を求めることになる。

(2)　予実管理

　予算管理システムにどこまで取り込むかによって，システム構築の難易度が変わる。組織別や事業別などの管理軸，当初計画や月次予算・見通・予測管理など予算管理のタイミング，承認プロセスの要否，実績データの連係タイミングなどを定義した上で構築を行うことになる。

　また，使い勝手の面では，入力者に合わせた画面設計やデータ登録方法を決める必要がある。期初予算計画時において，表計算ソフトで事前入力したデータをアップロードでき，予算と実績比較時には，年度や予算種別の選択がスムーズに切り替えることができるなどの考慮が必要となる（**図表7-9**）。

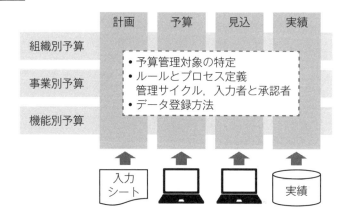

図表7-9 予実管理の管理軸とデータ登録

4　パナソニックグループの経理・財務領域のシステム

4.1　経理・財務業務の役割と領域

　通常の企業と同様に経理・財務は，決算・事業計画などが中心であるが，パナソニックグループの経理は経営経理の役割を担っている。つまり，「経営に役立つ経理」として将来の正しい方向付けを行う"経営の羅針盤"の働きがある。

　事業計画で立案した期初の計画（Plan）を立案し，事業活動（Do）を通して収益を上げているか，月次決算でその事業活動結果を確認（Check）し，次月以降の対策（Action）を検討する。そのサイクルを毎月行うことで，四半期決算，年次決算へとつなげていき，経営活動を正しい方向へ導いていく。

　パナソニックグループは，多岐にわたる事業（製造・サービス）を展開しているが，製造業としては，製造部門と販売部門に組織が分離され，それぞれにおいて会計処理や管理業務が存在する。その部門間の取引においても請求・回収・支払などのお金の流れがある（**図表7-10**）。

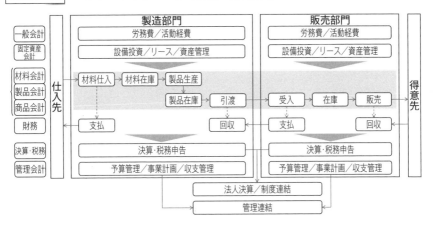

図表7-10 パナソニックグループの経理・財務領域

4.2 経理・財務業務とシステムの全体像

パナソニックグループでは，事業・ルートごとの会計システムで構成されており，それぞれのシステム内で会計機能を持っている。決算処理は，統一したシステムを利用しており，各事業決算，法人決算は一般会計システム（システム名：MEGAS）に，連結決算は管理連結システム（システム名：Eva-Net）と制度連結システム（システム名：DIVA）に統一されている（**図表7-11**）。

このMEGASにデータ連係しているシステムの数は約80種類存在する。販売部門の会計システムを商品会計システム，製造部門で材料仕入から製造工程，完成品までのプロセスに関する会計システムを材料会計システム，製造部門の完成品から販売部門への製品引渡しに関する会計システムを製品会計システムと呼んでいる。さらに，給与計算システムや輸出入システムなどもあり，これらのMEGAS周辺システムから自動仕訳あるいはTS汎用仕訳システムと呼ばれる仕訳明細を一括でMEGASに投入できる機能を保持することで，大量の会計データを迅速に集計することができる。

国内法人決算のMEGASのデータと海外連結会社などMEGAS未導入の会社からのデータを収集するためのシステム（システム名：WING）を経由してDIVAにデータ連係し，Eva-Netへは入力表を利用してデータ投入されることで，グループ全体の経営管理が出来上がる仕組みとなっている。

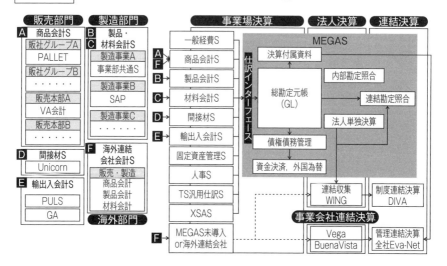

4.3　会計システム（決算システム）の変遷

　パナソニックグループ国内の会計システム（決算システムの部分のみ）のスタートは1974年であり，パナソニックグループの一部の事業のみが利用していた決算システム（システム名：CASH）であった。会計業務のシステム化が目的であったため，当時の紙の伝票を画面入力に変更する程度のものであった。

　第二世代となると，パナソニック株式会社単体および連結会社の一部を対象に統一した決算システム（システム名：FINDS）を導入し，この時期から各種帳票類がシステムで自動作成されるようになった。

　第三世代では，グローバル経営環境の変化に伴い，単体決算から連結決算を重視するようになったため，決算の早期化を目的とした決算システム（システム名：MEGAS）を構築することで，グループ全体で統一した決算業務を行えるようにした。2001年から導入を開始して，約200の決算事業場が利用している。

　第四世代では，パナソニックグループ全体の会計業務の標準化，内部牽制・内部統制の充実，グループ経営情報の共有化による経営の見える化の実現のために，業務改革と合わせてシステム構築を行っているが，これまでの決算システムの範囲だけでなく，すべての会計業務をこの新しい経営管理システム（システム名：XSAS）に統一する（**図表7-12**）。

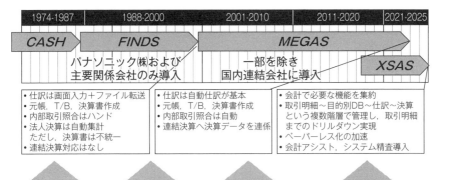

図表7-12　国内法人決算システムの推移

4.4　現在の会計システムの概要と考え方

　現在は，決算システムMEGASを中心としたシステム構成であり，この
MEGASシステム内には，一般会計，単体決算，債権管理，債務管理，資金管
理などの機能を保持している。また，グループ全体で管理すべき統一したマス
タを保持しており，各事業部門は，統一されたマスタを参照しながら必要最低
限のマスタのみ登録することになる（**図表7-13**）。

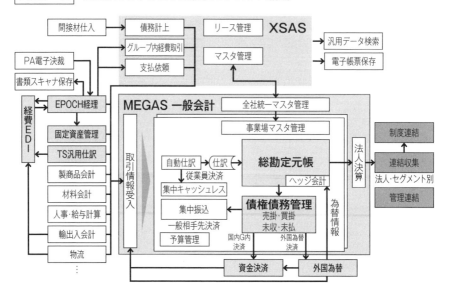

図表7-13 MEGASを中心とした現在のシステム構成

4.5 会計システム機能別の特徴

　前項までは，パナソニックグループの会計システムの概要について述べた。ここからは，会計システム内の各種機能の中でも特徴的なシステム（経費精算，経費EDI（Electronic Data Interchange：電子データ交換），電子文書保管，資金決済，固定資産管理，汎用仕訳，単体決算，連結決算）に限定して紹介する。

(1)　経費精算（EPOCH経理システム）

　EPOCHシステムとは，ITの活用により，付加価値を直接生まない「間接業務プロセス」を抜本的に変革し，「1人ひとり／職場」の生産性向上に向けた「間接業務プロセス」の全社最適の仕組みである。EPOCH業務系のシステムは，経理系・人事系・総務系に分かれているが，経理系のシステムに経費精算がある。出張申請，出張精算，費用立替払い精算，部門間経費請求，経費支払依頼など，従業員が日常利用する業務に関する機能があり，最終的にはMEGASなどとデータ連係している（**図表7-14**）。

| 図表7-14 | EPOCH経理システムの範囲と概念図 |

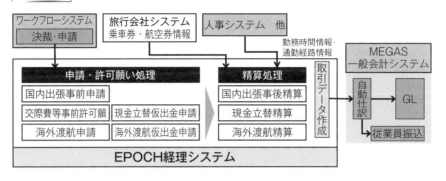

(2) 経費請求（経費EDIシステム）

　経費EDIは，立替経費などの請求データをEDI伝送することにより，請求書の発行レス，郵送レスを実現する仕組みである。パナソニックグループでは，事業会社間の経費立替や請求取引も多く，EDI処理にて請求処理の効率化や承認された請求データの自動仕訳化によって決算の早期化と内部取引照合の簡素化を図っている（**図表7-15**）。

| 図表7-15 | 経費EDI処理の流れ |

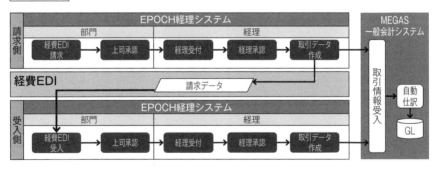

(3) 電子文書保管（e文書システム）

　電子文書保管は，e-文書法（2005年4月より施行）に対応した証憑画像化処理である。経理証憑をスキャナ保存することにより，証憑書類にまつわる業務（原本の保管・閲覧・廃棄）の負担を軽減する取り組みである。また，証憑

ビューアによる検索性・閲覧性が向上し，文書検索のリードタイムが短縮される（**図表7-16**）。

図表7-16 電子文書保管（ｅ文書システム）の構成

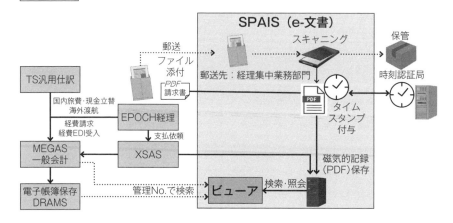

⑷ 資金決済システム

　パナソニックグループの資金決済の方法には大きく「内部決済」「外国為替決済」「集中振込」の3つの種類がある。「内部決済」は，国内のパナソニックグループの資金を全体で集約し，内部資金決済業務を効率化したインハウスバンクシステムである。「外国為替決済」は，国内のパナソニックグループの外国為替業務（為替予約・決済）を全体で集約し，グループとしてのトータルメリットを実現するシステムである。「集中振込」は，国内の対外決済について，同一振込先への振込データの名寄せをし，全体で集中して振込することにより，振込手数料の削減を実現する仕組みである。どの機能においてもスケールメリットを活かして資金を集約し，グループ全体でのコスト削減や業務効率化に貢献している。

⑸ 固定資産管理システム

　固定資産の取得・移動・売却・廃棄等の日常処理から月次・四半期の償却費計算，投資計画，償却資産税申告書の作成，付保資料の作成までをトータルで管理するシステムである。パナソニックグループの固定資産管理システムは，

他の周辺システムと同様にMEGASとデータ連係している（**図表7-17**）。

図表7-17 固定資産管理システム概念図

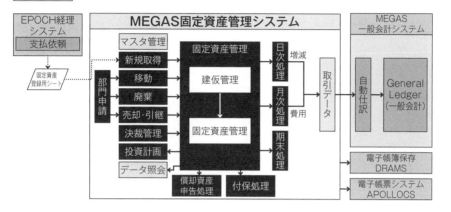

(6) 汎用仕訳

　MEGASには，仕訳入力システム（TS汎用仕訳システム）があり，周辺システムおよびEPOCHシステムからの自動仕訳以外の決算仕訳や振替仕訳などを入力するシステムである（**図表7-18**）。

図表7-18 TS汎用仕訳システム概念図

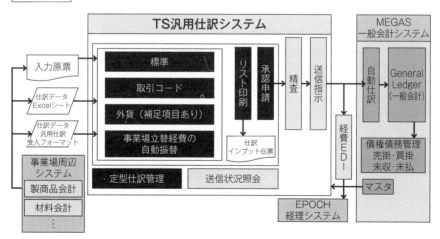

⑺ 単体決算・連結決算

　パナソニックグループの国内の各事業会社の会計データは，最終的にはすべてMEGASシステムに集約され，事業場ごとの決算や法人決算が行われる。周辺システムからは取引データが送信され自動仕訳が作成する場合やTS汎用仕訳で仕訳入力を行う場合があり，すでに機能別の説明で示したとおりであるが，キー項目となる借方と貸方の勘定科目，組織（パナソニックグループでは事業場・予算単位と定義している）などの情報に加えて，取引日付，金額などの情報が格納される（**図表7-19**）。

図表7-19	仕訳明細データイメージ

（例）4/5　　旅費交通費　1,000　／　未払費用　1,100
　　　　　　　仮払消費税　　100

会計期間	仕訳日付	仕訳No.	行	事業場	勘定科目	科目内訳	科目補助	予算単位	相手先	借方金額	貸方金額	摘要1	摘要2	取引年月日	
202X年4月	202X/04/05	10001	1	AAA	旅費交通費	‒	‒	営業	○○㈱	1,000		計上	国内旅費	202X/04/03	
202X年4月	202X/04/05	10001	2	AAA	仮払消費税	10%	‒			100		計上	‒	202X/04/03	…
202X年4月	202X/04/05	10001	3	AAA	未払費用	‒	‒		○○㈱		1,100	計上	‒	202X/04/03	

　図表7-3に示したとおり，仕訳明細が決算システムに取り込まれた後は，総勘定元帳，各種財務諸表が作成される。さらに，単体決算処理の後に国内・海外の法人決算の情報を収集して連結決算処理が行われる（**図表7-20**）。

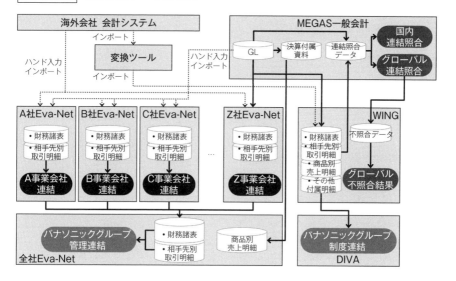

図表7-20 連結決算データ連係図

4.6　新しい経営管理システムへの挑戦

　4.3項で説明したとおり，長い歴史の中でパナソニックグループ国内の会計システムは変化してきた。時代の変遷に伴い経理・財務部門の役割や期待も拡大している中，さらなる業務効率化，経営管理の充実化などが求められるようになってきた。経理・財務部門では，①デジタルテクノロジーに頼れる部分を変革してITに代替されない部分の重視，②経理・財務業務集約化と連動した徹底した効率化の実現，③ベテラン社員から若手社員へのノウハウ伝承，これらの活動をこのプロジェクトを通して進めようとしている。また，これまで説明してきたMEGASやEPOCHシステムも20年以上も経過しているため，最新技術を活用したIT基盤に刷新していく必要があった。

　4.2項で紹介したとおり，パナソニックグループの決算システムはMEGASで統一されているものの，商品会計，製品会計，材料会計と呼んでいる会計システムが約80種類あるために，グループ全体で会計業務標準化が完全に行われておらず，各事業会社で個別の業務が行われている。さらに，経営管理に必要なデータが集約されてMEGASに連係されているため，十分に分析ができていないという課題を持っていた。そこで，新たな経営管理の仕組みを構

築すべく，2017年から新たな経営管理システムを再構築するプロジェクトを立ち上げた。

　このシステム構築の目指すところは，次の３点である。①業務標準化による正確かつ迅速な経理処理，②システムのセルフチェック機能による内部牽制・内部統制の充実，③グループ経営情報の共有化・データ活用による経営の見える化。そのためにも，これまでのMEGASから大幅に変更し，次の３点をシステムの基本構造とした。①取引明細を経理システムに持つことで業務標準を実現する，②勘定科目体系やデータ構造などの見直しを行うことで経営情報の充実化を実現する，③海外からの各種データを取り込むことで経営の見える化，決済の集中化を実現する。つまり，従来の日本地域の単体決算領域だけでなく「財務管理」「管理連結」「制度連結収集」といったグローバルで利用する経理領域の基盤を１つの仕組みに統合する（**図表7-21**）。

　そして，企業価値向上に貢献するために，経理・財務部門として大切な価値観を常に支える基盤となるシステムにしたいという思いを実現する意味でシステム名を「XSAS」とした。大切な価値観とは，Trans - parency【透明性】，Trans - formation【変化】，Trans - national【グローバル】，Cross - value【クロスバリュー】であり，これらの価値観の集合体の象徴として「Xs As our Standard」の頭文字を取った。

| 図表7-21 | 新しい経営管理システム（XSAS）の基本構造 |

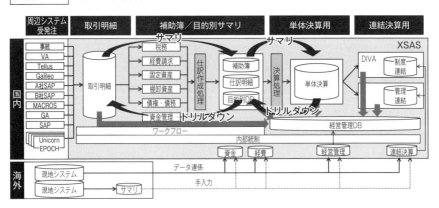

また，この取り組みは，単なる新しいシステム基盤に置き換えることではなく，業務革新を行うことを狙いとしている。制度・ITによる標準化・効率化・集約化により経理業務を変革し，精緻化されたデータを経営管理に活用することができるようになる（**図表7-22**）。

図表7-22 新システムにおける各業務の取り組み総括

業務	取り組み概要
一般会計	「紙」を前提とした経理業務からの脱却，リモートワークの対応とともに内部牽制を強化 （例：グループ内経費取引の完全ペーパーレス，電子化による画像精査）
固定資産	簿外も含めた資産管理および現物実査の適正化 （例：ラベル発行・現物実査業務の集約，簿外資産の管理）
製品会計 商品会計 材料会計	サイロ型のシステム・業務運用を標準化することで業務集約の限界を突破 （例：売掛管理，買掛管理をXSASで統一，シェアードサービス拡大）
財務管理	日本を含む真のグローバル財務プラットフォーム構築によるグループ資金の最大活用 （例：資金管理制度のグローバル統一，運用コストの削減）
決算税務	会計項目体系の見直しにより，ハンド業務の削減とともに経営管理に活用できる会計データの精緻化 （例：タスク管理による決算状況管理，引当金会計の見直し）
管理会計	部門における固定費管理から収支管理への転換し，管理軸収支管理を強化 （例：予実管理機能の統一，制度連結・管理連結の基礎データを一元化）

📖 参考文献

- 天明茂［2000］『ビジネス会計早わかり講義』PHP研究所。
- 岩谷誠治［2006］『超図解フローチャートでわかる新人SEのための会計＆業務の基礎知識』エクスメディア。
- 金子智朗著，日経Systems編［2007］『基礎から学ぶSEの会計知識』日経BP社。
- 小橋淳一［2003］『現場で役立つ会計の基礎知識』ソフトバンクパブリッシング。
- 篠田昌典・栗原直樹［2006］『お客さまの業務がわかるSEのための会計知識』日本能率協会マネジメントセンター。
- 安井望編著［2015］『グローバル情報システムの再構築　会計関連』中央経済社。
- 李昭熙・本田直誉［2010］『図解と設例で学ぶ　これならわかる連結会計』日本実業出版社。

学習課題 ────────────────────────────────────

1. 制度会計システム構築において考慮すべき点を3点以上, 理由と共に述べよ。
2. 管理会計システム構築において考慮すべき点を3点以上, 理由と共に述べよ。

第 8 章

人事業務

目標とポイント

◆基本的な人事部門の役割とその業務の概要を理解すること。

◆近年の人事領域に求められる変化（HR-Techの活用，人事のグローバル化）と，その背景を理解すること。

◆人事業務を支えるシステムの目的と用途，その構造と情報の流れを理解すること。

1　人事業務領域の概要

　人事業務範囲は，ヒト・モノ・カネ・情報といわれる経営資源の中で主に「ヒト」の力を最大限に発揮してもらうための戦略立案，実行を行う業務であり，すべての活動は経営戦略の実現につながっていると考えられる。この章では，人事業務の全体像を説明していく。

　入社から退社までの活動の中で，社員が会社生活を送るすべてのシーンで様々なサポートを行い，案内役となってくれるのが人事部門の役割となっている（**図表8-1**）。

① 「人事企画」：事業に関わる人材計画全般を担当する。経営戦略や事業戦略を正しく理解し，経営層の意向と現場の状況の両方を考慮しながら最適な体制を考える。体制とは，適切な部門構成や人員配置を行い，要員計画を練ることでありすべての人事業務の原点となる。

② 「採用」：要員計画に基づいて必要な人材に当社に興味を持ってもらい仲

主な役割	①企画	②採用	③育成	④配置	⑤評価（制度）	⑥その他
	• 人事戦略 • 要員計画 • 組織開発	• 新卒採用 • キャリア採用 • 面談	• 研修 • 目標管理 • 幹部開発	• 配属 • 異動 • 任免	• 評価制度 • 給与・賞与 • 昇格制度	• 退職 • 再雇用 • 副業　等

間になってもらう活動である。数年後の中核人材になれる若手を採用する新卒採用と，不足しているポジションや組織を強化するために即戦力人材を採用するキャリア採用の両方がある。

　また，人材紹介会社との連携や求人媒体への出稿，就職フェアへの参画，会社説明会やオリジナルイベントの開催など，採用に関するあらゆる施策を行う。内定者の採用後フォローや入社後フォローなども重要である。

③　「育成」：変化していく外部環境に対応するために，研修やOJT（On The Job Training）のみならず実践の場の提供も含む個人の成長を支える活動である。

　現場のニーズや課題に耳を傾けながら，新入社員・中堅社員・管理職社員など，それぞれのフェーズに応じて必要な教育機会を提供し，1人ひとりの能力開発を支える。研修のすべてを人事が前に立って行うことは少なく，外部企業と連携しながら，研修をコーディネートする役割も担う。

④　「配置・任免」：人材の持つ能力とポテンシャルを最大限発揮してもらうための活動である。人材配置は，部署ごとの希望をヒアリングしながら，企業全体のバランスを考えた上で行う。

　誰をどこに配置するのかは，企業を発展させていく上で非常に重要な要素で，それぞれの人材が持つスキルを理解し，より能力を発揮しやすい部署に配置する。

⑤　「評価」：人材の活動に，納得性・説得性のある制度を設計する活動全般である。社員，個人個人の評価を下すのは，直属の上司やチームメイトである場合が多いが，適切な評価を行うための制度を策定するのが人事の役割である。人事は，自社の評価制度の見直しや，社員の適切な評価がなされているかどうかのチェックなども適宜行う。

2　人事業務領域を取り巻く環境

　次に，近年新たに求められる人事の役割の重要性を理解してもらうために，人事業務領域を取り巻く外部環境に目を向けていく。

　人事部門の主な役割は社員のサポートであるが，社員のこれまでの働き方と，これからの働き方はどう変化していき，どのような対応が必要なのだろうか。

2.1　これまでの働き方の一考察

　まず，1980年代にJapan as No.1と称賛された日本経済は，現在どのような状況なのだろうか。よく語られるのは，「日本の競争力総合順位（**図表8-2**）」は急落しているという実態である。

　一方で，「日本の労働生産性ランキングの推移」の具体的な数値を見ると，1人当たりの生産性は「落ちている」というより「伸びていない」「微増」という事実が浮かび上がる（**図表8-3**）。

　つまり，日本は過去20年以上，日本人の労働生産性はほぼ横ばいなのに対し，世界各国の労働生産性は成長し続けているというのが事実である。では日本の働き方と，日本以上に成長している世界の働き方の違いは何なのか。

　これが「勤勉な国民の現場力に頼ってきた日本」と，「ITやデータを徹底活用してきた国々」の違いから産まれているといえるのではないだろうか。日米のIT投資の推移（**図表8-4**）とGDPの推移には親和性が見られる。

図表8-2　日本の競争力総合順位の推移

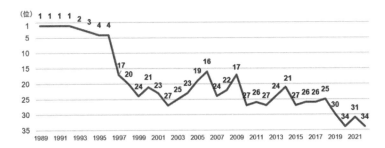

出所：IMD World Competitiveness Yearbook

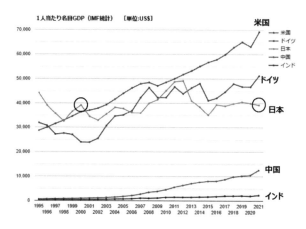

1人当たり名目GDP（IMF統計）　［単位:US$］

出所：GLOBAL NOTE「世界の1人当たり名目GDP 国別ランキング・推移」

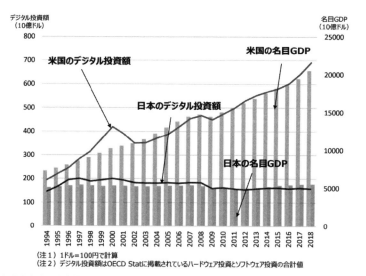

（注1）1ドル＝100円で計算
（注2）デジタル投資額はOECD Statに掲載されているハードウェア投資とソフトウェア投資の合計値

出所：経済産業省　産業構造審議会　経済産業政策新機軸部会　令和4年4月

日本企業の強みは「ヒトの力」「現場力の強さ」にあるといわれている。サービス業でも製造業でも，ホワイトカラーでもブルーカラーでも同じ状況である。

1990年代までは，勤勉な人材が，長期間同じ企業に勤めノウハウを蓄積し，日本の経済を支えていた。しかし現在は「日本人の勤勉さと根性」に頼ったビジネスモデルでは立ち行かなくなり，ITの強みを理解し，その活用に真剣に取り組んだ海外企業に敵わない状況にまで追い込まれているのが事実である。

2.2　これからの働き方

1995年にピークを迎えた日本の生産年齢人口は，これから先も減少し続け，労働人口の増加はあてにできない少子化の時代は続いていく。つまり，労働人口の減少は避けられないというのが現状であり，その中で労働力を確保しようと「一億総活躍社会」といったスローガンを掲げ「働き方改革」という御旗のもとで様々な取り組みも活性化してきてはいる。しかし実態としては，取り組み効果が出るまではまだ時間がかかるのも事実である。

再び競争力のある日本となるためには，限られた人材で成果を出していくという考え方を前提に，これまで培った日本の強みの上に，手段として「ITとデータの徹底活用を中心に置いた働き方」に変えていく必要がある。

そこで，昨今のトレンドの技術をうまく組み合わせることが重要となる。

主要な技術の進化として押さえておくべきなのは「スマートフォン」「クラウド」「ビッグデータ」「アナリティクス」「センサー」である。

加えて，「AI」「RPA」「IoT」「プラットフォーム」「API」「ブロックチェーン」「5G」「XR」，最近では「Chat GPT」など多くの技術が出てきている。

これらの関連性は他書籍等で学んでいただきたいがこれはどの業務領域（**図表8-5**）にも共通したトレンドとなっており，昨今は「X Tech」と呼ばれている。

X Techの例

クロス

業務領域	名称
金融	FinTech
農業	AgriTech
物流	LogisticTech
教育	EduTech
健康	HealthTech

2.3　人事に求められる取り組み

　人事業務領域でも，ITやデータを活かそうという考え方が昨今注目されており多くの企業が人事業務にITとデータを活用したHR-Tech（Human ResourcesとTechnologyを掛け合わせた略語）サービスの導入や検討を進めている（**図表8-6**）。

図表8-6　人事領域でのDXの取り組み（HR-Tech）

要員計画	応募者・社員の適性検査データを基に人材ポートフォリオを設定【大手電機メーカ】	育成	AIによる個人の「スキルギャップ」をうめるラーニングメニューの推奨【コンサルティング業】
採用	AIによるエントリーシートのスクリーニング【通信事業】	評価報酬	パーソナリティ・行動パターンからハイパフォーマーをモデル化【外資系製造業】
配置任免	社員の資質とポジションに求められる職務要件のマッチング【国内保険業】	リテンション	離職につながりやすい行動・パターンの分析により，離職のリスクを検知【国内保険業】

　その中で，人事領域においても上述の大きな働き方の変革を実現するために，人事業務自体の「業務の効率化」や「質の高い人事戦略の構築」が求められている。

2.4　グローバル人事の取り組み

　また，もう1つの押さえておきたい外部環境の変化は急速に進んだグローバル化についてである。

グローバル化は，いくつかの国家が相互関係を強め，共同して活動するこれ
までの国際化とは違い，テクノロジーの進展を背景に，社会や経済に関するも
のが国や地域を超えて世界規模に拡大し変化を起こす。

　様々な軸でこのグローバル化の影響が整理されているが，ここでは「販売
（マーケティング）」と「製造（サプライチェーン）」の観点から整理していく。

　まず，「販売（マーケティング）」の観点からその変化を考える。

　これまでは「技術力を武器に，まず日本のマーケットを広げていき，機が熟
してから海外に展開していこう。良い商品なら売れるだろう」というのが日本
の海外展開の主流であった。しかし，近年の技術的な要素は圧倒的な競争優位
がない限り簡単に追随を許し，インターネットとスマートフォンが発展した現
在，マーケットは一気に世界に広がっている。

　その証拠にビジネスが10億ドルに到達する期間がこれまで20年かかることが
多かった事実に対して，Googleは8年，Facebook（現Meta）は6年，Tesla
は5年，Uberは4年，Airbnbは3年，Snapchatは2年という時代になってい
る。

　この技術力やモノの力だけでも売れない時代に生き残っていくために，競合
他社と差別化を図るには「多様なニーズに素早く応える」必要がある。

　次に，製造SCMの観点からも整理していく。

　近年のグローバル企業はお客様自身の生産拠点が国境を跨いで変更すること
も多い。その場合，お客様の窓口や，納品先が国を越えて変わることがあるの
でそれに追従していかないとビジネスチャンスを失ってしまうのである。また，
今後は，米中摩擦やウクライナ情勢などもモノづくりに影響を与える。

　つまり，この自社や自国の都合だけではお客様の要望に応えられなくなり
「柔軟に国を跨いで仕事をできる組織や人材」が必要となっている。

　これらの背景を踏まえると，グローバルな市場を攻略するためのより優秀な
人材をグローバルに発掘し，育成していく人事戦略も非常に重要な取り組みの
1つになってくる。そのため，国内外を問わず環境の変化やニーズにいち早く
気付くために下記の4点が必要になってくる。

　①　それぞれの国やマーケットに深く入り，ニーズを吸い上げる人材
　②　吸い上げたニーズを，タイムリーに製品やサービスに反映できる人材
　③　それをグローバルに垂直展開できる人材
　④　そのビジネス上の意思決定をスピーディに行うことのできる人材

このように，柔軟に国を跨いで仕事をできる組織や人材をプールするためには幹部人材だけではなく幹部を支える現地人材のスキルやポテンシャルの把握が必要となってくる。

また，このような人材は，グローバルな市場を意識すると日本人だけでは不可能であるため，グローバルな組織とタレントを把握・育成する，グローバルタレントマネジメントの取り組みも非常に重要になってくる。

3　パナソニックグループの人事領域のシステムの取り組み

さて，これまでの背景を踏まえて，ここからはパナソニックグループの人事業務領域のシステムと取り組みにについて説明していく。

パナソニックグループの人事IT基盤は，大きく5つの基盤に分けられる（**図表8-7**）。

図表8-7　**パナソニックグループの人事システム概要**

人事システム概要

		オペレーション合理化・高度化													付加価値創出			
業務		従業員，職場責任者向けサービス							人事向けサービス						戦略領域			
		1 勤務管理	2 人事手続	3 実績評価	4 福祉手続	5 目標管理	6 360度	7 幹部開発	8 海外社員	9 入社	10 社員情報	11 人事検索	12 組織管理	13 異動	14 情報活用	15 人財DX	16 EOS	17 自己啓発・研修管理	18 採用管理
本社		① EPOCH人事				② People Platform			③④ HUMAN（HCM，検索）						⑤ HR-Tech			
事業会社	研修	PA基盤 他				SAPクラウド基盤			SAPオンプレ						PA基盤			
職能	採用								自社開発									
関係会社																		

①　国内従業員が利用するEPOCHシステム

EPOCHシステムは，国内のグループ従業員が日々の勤怠管理，各種人事手続き等を行うために利用するシステムである。このシステムはパナソニックグループ独自の制度を支えているため独自開発している。

②　グローバルな従業員が利用するPeople Platformシステム

People Platformシステムは，グローバルに統一している制度を支えるシステムである。幹部開発などグローバルキーポジションの管理が中心で，SAPのクラウドサービスを利用している。

③　国内の人事社員が使うHUMAN-HCMシステム

国内従業員および組織のマスタ情報となる。SAPのオンプレミス（ソフトウェア・ハードウェアを自社で保有・管理する運用形態）基盤を利用している。

④　人事社員が使うHUMAN検索システム

周辺の人事システムの情報を収集し，国内人事社員が国内社員を検索するシステムである。こちらも独自のノウハウが多く独自開発している。

⑤　データの分析基盤であるHR-Techシステム

データ分析は，ビジネス要件ごとに切り口が違い，外部環境も変化していくため柔軟な変化対応が必要である。収集するデータの種類や量，接続先のバリエーション，分析指標や分析軸等，様々な要素を考慮しアジャイル形式で変化する要望に応える必要がある。そのため現在はローコード開発ツールを活用した独自開発を行っている。

このように利用者や目的別にIT基盤を維持しているが，今後，老朽化しているシステムの刷新と新たな人事戦略を支えるシステムをどう構築していくのか検討中である。

4　パナソニックグループの人事システムの戦略領域について

今回，人事戦略で活用するHR-Techについてさらに詳しく取り上げていく。

4.1　HR-Techとは

「HR-Tech」とは，各種人事制度を支えてきたシステムに加えて，データや昨今のITを活用した人事業務の効率化・高度化，そして付加価値向上を目指す取り組み全般を指している（**図表8-8**）。

HR-Techの活動がパナソニックグループで注目されている背景には，10年以内に定年退職を迎える人材の増加，働く価値観の多様化，コロナ禍によるリモートワークの定常化などによるワークスタイルの変化の影響等が挙げられる。つまり，これまでのKKD（勘，経験，度胸）の施策では従来と同様の価値提

供が厳しくなってくるということが予測されている。

上記課題を解決するためには，IT技術を活用し1人ひとりに寄り添い客観的で精度の高い提案型人事への変革が求められている。そこで，当社で最初に取り組んだのが「配置・任免」の領域でのデータ活用である（**図表8-9**）。

図表8-8 HR-Techを活用した人材マネジメントへのパラダイムシフト

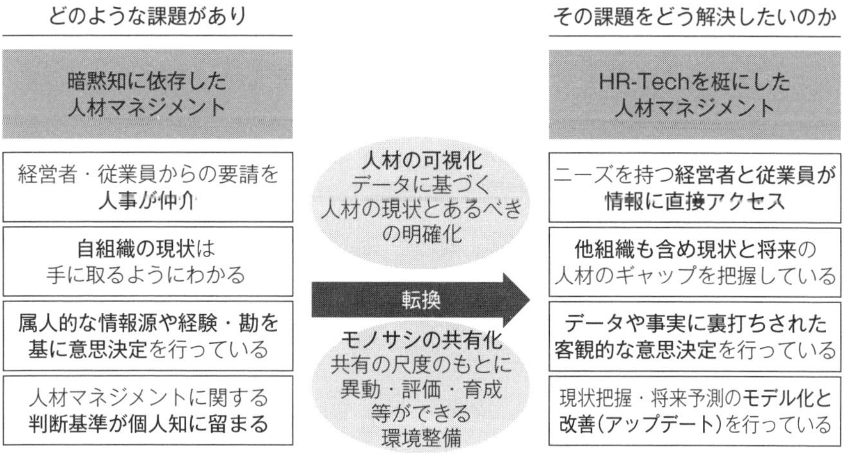

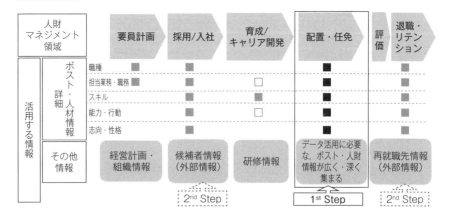

図表8-9 配置・任免業務選定の背景

配置・任免は，従業員が入社し，退社する過程で人事モデルの定義が広範囲で複雑である。配置・任免で当社に必要な人材をしっかりと定義することで次のステップとして，必要な人材を「採用」し，「退職」を止めるという業務展開をしていこうと考えている（**図表8-10**）。

図表8-10 配置・任免で必要なデータ定義例

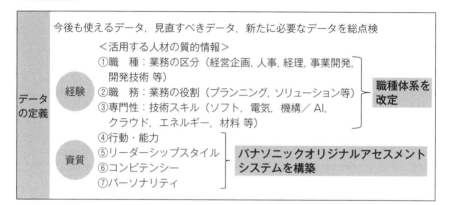

　また，そのために「必要なデータは何か」，「データをどう使うのか」，「データをどう最新化させるか」といった視点で議論を進めた。その中で，必要なデータに関してはこれまで蓄積してきた「結果データ（経歴，評価等）」だけでは不十分であることに気付いた。

　そのため，現状のシステムにないデータ（詳細な職種，専門性）を整備し，これまで取得・蓄積していなかった人の「資質データ（行動・能力，リーダシップスタイル等）」を取得するために，パナソニック独自のアセスメントシートを作成し人の資質データを収集することにした（**図表8-11**）。

　これにより従来は人事職能間で電子メールや電話で連絡しながら探していた候補者を，データ化された全人事職能人材という広範囲から精度高く短時間で探せるようになった。そして，その捻出した時間を面談などの時間に有効活用できるようにしている。

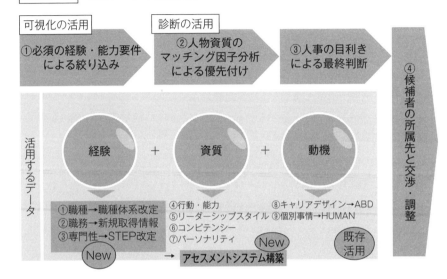

図表 8-11 独自データの作成過程

4.2 データ分析基盤について

　業務プロセスの変化に対応できるデータ活用基盤の構築について，「アプリ画面開発」と「データ連携基盤」に分けて説明していく。今回の開発手法は，「アジャイル開発」と「ウォーターフォール開発」それぞれの強みを生かしたハイブリッド開発で進めている。

　①　アプリ画面開発について

　「アプリ画面開発」は，「アジャイル開発」と「ローコード開発ツール」を選定・活用した（**図表 8-12**）。

　戦略領域に関しては，要件が明確に定められておらず，人事部門とIT部門が一体となって検討をしていく必要があった。

　そのため開発手法としては，コミュニケーションを取りながらクイックかつ成果を確認しながら進められるアジャイル開発とし，それに親和性の高いローコード開発ツールを選定した。

　②　データ連携基盤について

　「データ連携基盤」は，従来の「ウォーターフォール開発」と「データ蓄積の考え方」がポイントである（図表 8-12）。

データ連携開発については，開発完了後に要件を変更することはコストの観点からアジャイル開発は非効率であると考えた。

　そのため，アプリ画面側の要件が確定したタイミングで開発することにした。また，データの格納の考え方については，まず各システムからデータを原型のまま連携し格納しておく「データレイク」を構築する。次にデータを活用しやすい形に整備する「データベース」，最後に用途別に活用したい形に蓄積する「データマート」という3層構造にしている。

　今後も，ビジネス要件に合わせて変化させていくが，HR-Tech領域のデータ分析基盤の第一ステップとして配置・任免業務のデータ活用基盤の構築は完了している。

5　グローバル人事システム導入事例

5.1　グローバル人事取り組みの背景と課題

　次にパナソニックグループにおけるグローバル人事の取り組みについて紹介していく。

　パナソニックグループの事業として，よく目にするであろうテレビや冷蔵庫や洗濯機などの国内販売だけではなく，ビジネスの拡大に向けては「ソリューション・サービス型事業（B to B，B to G）の強化」と，「海外での事業成長の

加速」が重要となってくる。

　特にグローバル企業とのビジネスは，お客様側のモノづくりや販売が国を跨いで行われるため当社の対応もグローバル対応が必要となる（**図表8-13**）。

　その事業運営の姿としては，「市場・顧客に精通した人材によるスピーディな意思決定」と「現地の自立的な事業運営」ができることが前提となってくる。しかし現状は，課題として「海外のリーダー人材の育成」と「現地の事業運営を支える現地の人材マネジメントの推進」が十分とはいえないのが多くの日本企業の実態である。

　取組課題である「海外のリーダー人材の育成」は，「幹部人材の育成強化」に加え「事業を支える基幹人材の底上げ」が必要で，この両輪を回すことが重要であり，一方が欠けても回らないのが実態である。

図表8-13　今後のグローバル人材の方向性と課題

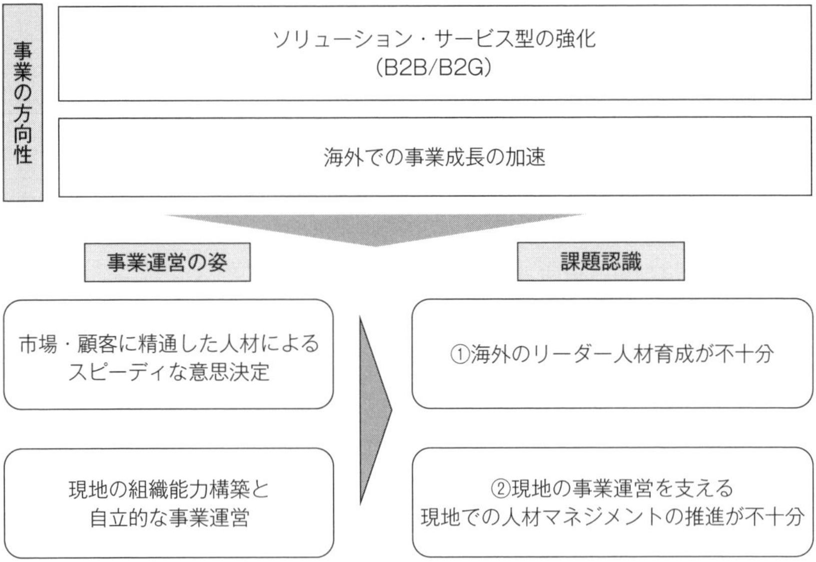

5.2　グローバル人事取り組みの狙い

　それを支える人事制度・仕組みとして，「人材の見える化」「価値観・行動の共有」「エンゲージメントの向上」を事業戦略に寄り添い取り組んできた（図

表8-14)。

　グローバルな人事プラットフォームとしての取り組みは，まずはグローバルに基本の考え方を統一・徹底し制度を統一し基準を設けた。

　次に，挑戦できる場を用意し，その仕組みを支えるIT基盤を構築した。

　具体的には，「経営理念：パナソニックグローバルコンピテンシー（PGC）」「等級：パナソニックグローバルグレード（PGG）」「目標管理：パフォーマンスマネジメント（PM）」といった制度をグローバルに統一する取り組みと，それらを支えるITシステム「タレントマネジメント：人材データベース（DB）」が必要であると結論付けた。

図表8-14　グローバル人材のプラットフォーム

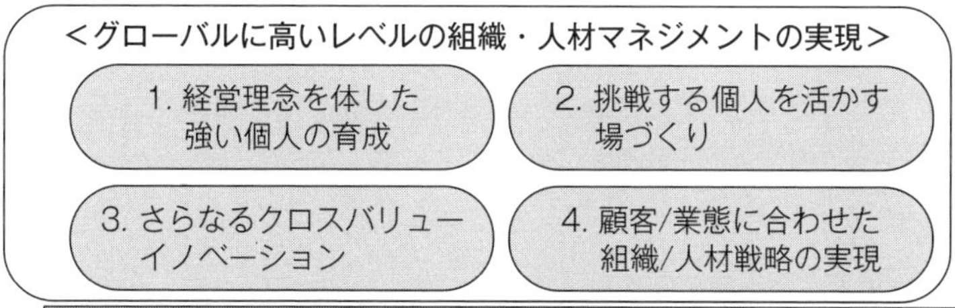

＜グローバルに高いレベルの組織・人材マネジメントの実現＞

1. 経営理念を体した
強い個人の育成
2. 挑戦する個人を活かす
場づくり
3. さらなるクロスバリュー
イノベーション
4. 顧客/業態に合わせた
組織/人材戦略の実現

＜グローバル人事プラットフォーム＞

カテゴリー	施策
基本の考え方の統一・徹底	経営理念の徹底
制度のグローバル統一	・報酬ポリシー ・グローバルグレード（等級） ・パフォーマンスマネジメント 　（目標管理）
挑戦の場づくり	ジョブポスティング（社内公募）
上記を支えるIT基盤	・グローバル人材データベース ・EOS（従業員満足度調査）

5.3　導入展開の考え方

　しかし，一足飛びの導入展開は厳しいのが現実である。

　まず，展開の考え方として人事のタレント情報の収集機能（DB：データベース機能）の導入に関しては事業戦略と連動していくことを基本とした。

　次に，地域軸は特に注力すべき「中国」「北米」および「日本」に選定した。

事業軸では，海外現地での自立事業運営を進める事業にフォーカスし，データベース機能に関してはグローバル共通のプラットフォームとしてSAP社製のクラウドパッケージを活用している（**図表8-15**）。

　また，情報の収集に関しては，当社の人事システムはグローバルに100システムを超えているのが実態であったため，方針としては各個社の個別システムとは連携せずに，各地域／国のメインの人事システムと接続をしていくことにした。そして，PM（パフォーマンスマネジメント：目標管理）は，グローバルテンプレートを構築し，現地のどのような情報を日本に連携すべきかを考えた。

　上記により，情報の深みと鮮度を保持していくためにも活用していく考えで進めた。

　推進にあたっては，各国・各地域の体制として，日本の体制を踏まえて，現地の人事責任者とIT側のメンバーを配置した。予期せぬ課題が発生することを念頭に，プロジェクト開始にあたって関係者で課題を解決できるようなコミュニケーションプランを徹底して整備している。

図表8-15	導入の基本的な考え方

DB（データベース）：グローバルなタレント情報を一元管理，各国/地域のメインシステムと接続を実現
PM（目標管理）：エクセル帳票管理から，システムによるデータ管理の仕組みを構築しデータ活用が可能

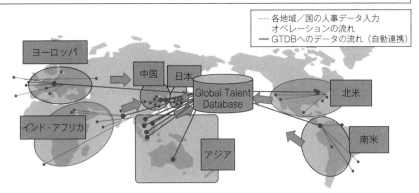

5.4 グローバルパッケージ活用で求められるスキル

海外へのシステム導入で，QCD（Quality（品質）・Cost（コスト）・Delivery（納期））を担保するためには，IT構築スキルだけでは不十分である。

例えば，「管理するデータが各国の個人情報保護法を遵守できているか」，「情報漏洩のリスクを考慮しクラウドパッケージセキュリティ対策は十分なのか」，また万一の場合は契約内容の確認など幅広いタスクや知識が必要になってくる。加えて，海外の多様なバックグラウンドを持つメンバーと協力して仕事を進めるための人間力や語学力も必要となってくる。

上記のように，幅広いスキルが求められるがグローバルな仲間と1つひとつの課題に向き合っていくことで，必要なスキルは身についていく。

6 おわりに

人事業務領域の取り組みは今後さらに業務領域が拡大していくことが予想される。株主から求められる人的資本に関する情報開示のガイドライン（ISO 30414等），サステナビリティ経営など今回触れていない外部環境の変化がまだまだ多く起こっている。

そのために企業に求められるのは，「考える力と実行力」を持った人材である。

特に，グローバルな経営を支えるIT基盤を構築するシステムエンジニアは，これまでのIT構築スキルに加えて，グローバルにプロジェクト推進するスキルが必要となる。また，戦略領域で活用できるIT基盤を構築するために様々な技術の強みと弱みを理解し活用していくスキルも必要となってくる。

📖 参考文献 ───────────────────────────

● IMD World Competitiveness Yearbook：
　https://www.imd.org/centers/wcc/world-competitiveness-center/publications/（2023年3月15日参照）
● GLOBAL NOTE「世界の1人当たり名目GDP 国別ランキング・推移」
　https://www.globalnote.jp/post-1339.html（2023年3月15日参照）
● 経済産業省経済産業政策局［2021］「参考資料5」第8回経済産業省産業構造審議会経済産業政策新機軸部会，令和4年4月27日。

学習課題

1．人事領域のデータ活用を進めるにあたり考慮すべき点を3点以上，理由とともに述べよ。
2．グローバルな人事システムの導入においてシステム構築前に考慮すべき点を3点，理由と共に述べよ。

第9章

法務業務

目標とポイント

◆ 経営者・社員にコンプライアンス遵守させる仕組みを構築することと企業活動の発展を法律面から支援しているのが企業法務の役割である。

◆ 法務部門の中で重要かつ効率化を求められる業務範囲についての理解および，対象業務のシステム選定の在り方を理解する。さらに，システム導入時における運用のポイントについて理解する。

◆ AIやSaaSなどの新たな技術を活用したシステム構築方法と自社で保持している情報のデジタル化の推進が法務部門の付加価値を高める要素の一つとなっていることを学習する。

1　企業法務の概要

　法務とは，簡単にいうと「法律」に携わる事務や業務，職務のことを指すが，この章では，企業の中で行われる法務業務について説明する。企業において法律関係の業務を行う部署を「法務部門」，また，企業において行われる法律関係の業務を「企業法務」と定義する。

　企業活動は，利益を上げていくことが目標の1つではあるが，法務部門は「法律」を駆使して，より会社の経済活動が活発になるよう，「法律」で企業活動の発展をサポートするのが法務部門の仕事となる。一方，企業が多くの利益を出していたとしても，法律違反をしてしまっては元も子もなく，会社が法律を遵守しているか確認したり，法律周りの手続きをサポートしたりすることで，企業が法的トラブルに巻き込まれないよう守る役割もある。

また，社員が働きやすい環境を作るために，労働基準法に基づいた制度やガイドラインの作成，社外との取引の際に法律上のトラブルや大きな損失が発生しないよう，法的アドバイスやリスクヘッジを行う役割などの業務を担っている。法律上のトラブルが起きると企業にとっては大きなダメージを受ける。大手企業になればなるほど，トラブルがメディア露出してしまう可能性も高まる。

　このように企業法務の重要度がますます高まり，経営法友会が実施した「第12次法務部門実施調査（2020年8月3日〜11月20日，5,171社へアンケート発送，回答社数1,233社）」の分析報告によると，社内に法務専門部署を設置している企業の割合は次のようになっている。**図表9-1**のとおり，法務専門部署の割合は，規模が大きくなるほど高くなっている，さらに，この5年間で伸びていることがわかる。

　さらに，「法務部門の役割として重視するものはどのようなものですか」という問いに対して，次のような結果が出ている（**図表9-2**）。こちらは11項目の中から3つ選択する形式でアンケートを行った結果である。

図表9-1　**法務専門部署設置企業割合**

従業員数	2015年	2020年
500名以下	46.5%	48.4%
1,000名以下	70.5%	67.6%
3,000名以下	76.9%	78.7%
3,000名超	93.3%	95.7%

　契約の相談・審査および，重要な案件であるM&A等，契約に関わることを重要視していることが読み取れる。特に，重要案件対応（各種プロジェクト・M&A等の重要な契約）は2015年の調査では22.3％であったが，2020年の調査では49.1％と大幅な増加となっている。

　図表9-2のとおり，法務部門の仕事は多岐にわたるが，大きく次の3つのカテゴリーに分類される。「会社運営に関する業務」「事業に関する業務」「内部統制に関する業務」の分類ごとに業務の概要を以下に説明する。

法務部門の役割で重視するものの割合

重視する項目	2020年
法律相談・契約書審査などを通したリスクの予防	91.7%
重要案件対応（各種プロジェクト・M&A等の重要な契約）	49.1%
紛争・訴訟への対応	41.7%
コーポレート・ガバナンスや内部統制の関与	31.5%
社内教育や社内への情報発信	31.1%
弁護士・関係会社などとの法務ネットワークの強化	18.4%
不正・不祥事・事故・自然災害などの危機への対応	11.4%
社内付議・決裁などの意思決定への関与	10.7%

1.1 会社運営に関する業務

(1) 機関法務

　株主総会や取締役会など会社の重要な意思決定（機関決定）の運営を法律に基づいて円滑にするための業務である。株主総会や取締役会は会社法でその開催について細かく規定されている。株主や取締役の招集，株主総会で報告する書類の記載内容に法律上の問題がないかどうかを監査するのが機関法務の主たる業務となる。

(2) 各種法的手続き

　法務部門では，定期的な機関法務の業務以外にも子会社の設立，株式の発行・分割などの経営によって発生する法的手続きも行う。これらは，会社経営の中でも特に法的な知識が求められるため，必要に応じて社員だけでなく税理士や経営陣とも連携しながら業務を遂行する。

1.2 事業に関する業務

(1) 契約・取引法務

　契約書の締結に関わり，契約書を法務的にチェックする業務である。契約書作成・契約書レビュー，交渉，締結までがメインの業務である。合意に至った契約書の締結や管理，契約期間終了後の対応まで担当する場合もある。取引先と契約するにあたって，法務部門が契約書を作成する場合もあるが，社内の他部門が作成した契約書の確認，取引先から受領した契約書の原案を審査する。

契約書の記載漏れがないか，諸条件が双方と合意した内容と一致しているか，契約後にトラブルになりそうなリスクを回避するための検討や，相手企業との交渉なども必要に応じて行う。

(2) 法務相談・法律アドバイス

事業に関する法務相談・法律アドバイスには，M&Aやグループ再編，新事業の立上げなど，定常的に発生しないが，会社にとって重要な法律面での支援を経営者や事業部門責任者に行う業務である。法律面の知識はもちろん，事業や顧客，競争環境の理解やファイナンス知識まで必要であり，そのため部門が多いほど，法務相談の量も多くなる。法律の知識だけがあれば良いわけではなく，社内の業務内容について幅広い知識が必要とされる高度な業務である。

1.3　内部統制に関する業務

(1) コンプライアンス管理

コンプライアンス（法令遵守）の徹底や周知，また社内規程を定め，その規程が法律に違反していないかなどを確認する。近年の企業活動でも重要な要素の1つとなっている。企業倫理や社会的な常識までを対象に，経営において適正に対処していく活動全般を指す。コンプライアンスが社内で守られているか，その内容が間違っていないかなどを管理している。社内教育や研修を行ってコンプライアンスを守るよう啓発することも法務部門の業務である。コンプライアンス違反となった場合，企業価値や株主構成にも影響する可能性がある。

(2) 社内規程整備

社内規程の整備とは，その会社組織のルールを定めた定款のほか，機密情報保持規程や個人情報保護規程などの社内規程を作成する業務である。社内規程に不備があると，実務上問題が生じたりトラブル発生時に不利になったりする可能性があるため，非常に重要な業務の1つである。

(3) 通報制度の運営

コンプライアンス管理の1つとして，通報制度を設ける企業もある。贈収賄やセクハラ・パワハラなどのハラスメント行為など，組織内で隠れてしまいやすい不正を発見し，被害拡大を防止する役割である。

2 業務の遂行と効率化

法務部門の業務の概要を理解したところで，次に，それらの業務の効率化やノウハウの共有化をどのように図っているのか，同じく経営法友会がアンケート調査した結果を確認する。取り組みとして8つの例を挙げて複数選択可として尋ねたところ，**図表9-3**のとおり回答を得た。調査例は多少違いがあるが，参考までに2015年に調査した結果も合わせて掲載する。

図表9-3からいくつかの特徴を読み取れる。1点目は，2020年上位4つと下位4つとの差に大きな開きがある。これは，特別な機会を設けず，業務の流れの中で定型化して効率化・共有化を図っていることがわかる。2点目は，データ保存，AI自動翻訳，データベース化，ワークフローといったデジタル活用が増加している。3点目は，2015年と2020年では割合に大きな差がなく，業務効率化やノウハウ共有化の取り組みは固定化しており，デジタル化へのニーズ対象の範囲が限定されていると考えられる。

図表9-3 業務効率化・ノウハウ共有化のための取り組み割合

	2020年	2015年
法務部門内で作成するデータは基本的に共有ファイルに保存するようにしている。	69.4%	－
定例のミーティングなどを通じて情報共有している。	55.4%	53.8%
法務業務について，法務部門内で定型化・マニュアル化を行っている。	50.3%	44.9%
FAQ集の作成や利用頻度の高い書式のテンプレートを行っている。	47.5%	47.9%
契約書作成等に関する社内教育を定期的に実施している。	25.3%	24.9%
英文契約書の翻訳などにAI自動翻訳サービスを利用している。	24.7%	－
法務担当者のスキルアップのための研究会・研修会・研究発表会などを開催している。	21.4%	18.4%
法務業務の一部をアウトソーシングしている。	12.7%	－
契約書審査や法律相談などのノウハウや結果をデータベース化し，共有している。	－	53.2%
ワークフロー・システムを構築しIT化を進めている。	－	21.5%

契約業務が法務部門として重要視していることは図表9-2で認識したとおりであるが，契約書の作成・審査の過程については**図表9-4**のとおりである。

この結果から，契約書作成・審査に関しての業務プロセスやシステム活用面について，次のように考えられる。社内規程，ルール，決裁手続き，プロセスを明確にしている企業は4～7割程度の割合である。一方，システム化を進めている企業は2～3割程度の企業に留まっているが，「契約書審査についてワークフロー・システムを導入している」については，2015年調査時よりも2020年調査の方が1.6倍程度増えている。案件の内容や進行の可視化を行うためにも業務プロセスの定着化を図り，徐々に企業法務に関してシステムを活用した業務の効率化が進みつつある環境が整備されてきていると判断できる。

法務担当者が契約書を精査する場合のタスクとその割合を大まかに示すと**図表9-5**のとおりになる。作業順序2～4については，過去の契約書をもとに

図表9-4 ┃ **契約書の作成・審査の過程についての割合**

	2020年	2015年
標準的な取引について，契約書のひな型を作成している。	82.3%	78.8%
契約書について法務部門の審査を受けるルールがある。	70.9%	71.8%
契約書の保管・廃棄に関する社内規則がある。	53.6%	－
法務部門の契約書審査をパスしないと社内決裁・稟議が承認されない。	50.3%	44.3%
契約書審査依頼書等について定型フォームがある。	48.6%	44.4%
契約書を一元的に保管している。	40.6%	－
契約書の作成・審査について明文化した社内規則がある。	40.4%	37.3%
契約書審査の内容・結果についてデータベース化して共有している。	39.1%	36.2%
契約書の作成・審査について法務部門内に統一されたルールや手順書がある。	38.3%	32.2%
予め契約書審査の担当者を決めて他部門に周知している。	33.5%	33.1%
契約書審査についてワークフロー・システムを導入している。	31.0%	19.0%
契約書の保管や取引先等の検索，期日管理などのために契約書（文書）管理システムを導入している。	25.3%	－
電子署名など電子契約システムを導入している。	16.2%	－
契約書の作成や審査などにAI技術を活用したサービスを導入している。	12.1%	－

契約書の作成・精査を行っていく作業である。特に，該当の案件に類似した過去の契約書サンプルを集めることは，非常に骨が折れ，時間がかかる作業ではある。

また，図表9−4のアンケート結果で「契約書審査についてワークフロー・システムを導入している」は31.0％となっているが，契約審査の業務フロー例としては，**図表9−6**のようなイメージになる。

さらに，電子署名など電子契約システムを導入している割合は16.2％となっている。システムを導入せず，紙で契約書を締結している場合は，契約書のドラフト作成後，相手方と正式に契約書を締結するにあたっても**図表9−7**のとおり作業が必要となる。

図表9−5 契約精査に関する作業時間

作業順序	各作業	作業割合
1	ビジネス背景の理解	10％
2	契約書サンプルの検索・収集	30％
3	交渉戦略の検討	15％
4	契約書サンプルを参照した文書ドラフト	30％
5	事業部への説明と契約書の校正	15％

図表9−6 契約審査の業務フロー例

① 申請 依頼者 → ② 承認 依頼部門管理者 → ③ 案件配賦 法務部門受付 → ④ 第一回回答 法務部門担当者 ⇅ 法務部門管理者 → ⑤ 回答受領 依頼者 → ⑥ 契約交渉 依頼者 ⇅ 相手担当者

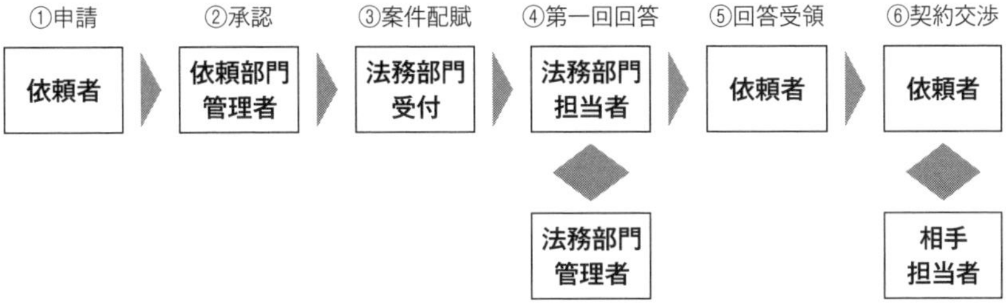

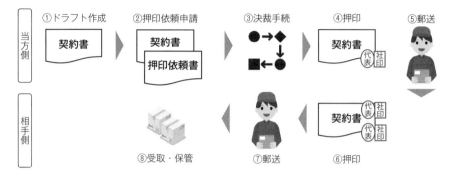

図表9-7　契約書締結作業プロセス

当方側
①ドラフト作成　②押印依頼申請　③決裁手続　④押印　⑤郵送

相手側
⑧受取・保管　⑦郵送　⑥押印

① 契約書のドラフト作成後にプリントアウト，袋とじ等の製本作業
② 押印のための申請書を記載，押印担当部門に契約書を渡して押印依頼
③ 契約締結のための決裁手続き
④ 当方側の押印
⑤ 押印後の契約書を相手側に郵送
⑥ 相手側で押印
⑦ 押印後の契約書を当方側に郵送
⑧ 戻ってきた契約書を保管

　契約書作成の作業だけでも，契約書を1通作成するための作業工数として30分，往復の切手代，印紙代等の工数やコストが必要となる。

　これまで過去・現在の法務部門の課題を説明してきたが，今後取り組むべき課題についてもアンケート結果が出ている。取り組むべき課題テーマを29項目の中から7項目を選択してもらった結果，「法務業務の効率化・IT化」49.4％（1,151社中569社），「経営判断への支援」49.0％（同564社），「法的リスクの管理」41.8％（同481社）が上位となった。特に，「法務業務の効率化・IT化」が2015年の調査と比べると，第15位から第1位に躍進しており，ますますIT化へのニーズが高まっていることがいえる。

　ここまで企業法務の業務に関して調査データを用いて業務のプロセスや課題を見てきたが，具体的にそれらの業務がどのように見直され，一般的に，どのようなシステムやサービスが存在するのか，次節以降で説明していく。

3 リーガルテックの台頭

　リーガルテック（Legal Tech）とは，法律・法務（リーガル）と技術（テクノロジー）を掛け合わせて生まれた言葉で，リーガルに関連した領域に対して技術を活用する取り組み全般のことを指す。リーガルテックが台頭する前から法務・知財関連業務にデジタル技術を活用したサービスは次のように存在していた。①判例検索，②法令データ提供システム，③弁護士相談，④デジタル・フォレンジック（インシデント調査），⑤知財検索，などである。

　2010年代の後半に入り，リーガルテックにおいても変化が出てきた。デジタル化，ペーパーレス化，働き方改革，リモートワークという流れと，ソフトウェア産業の加速的な発展による多様なSaaS（Software as a Service，必要な機能を必要な分だけサービスとして利用できる）事業の出現，AI技術の進展などの背景があり，法務業務においても次のように様々なソリューションが展開されるようになった。

　①契約書作成・管理，②電子契約，③リスクレビュー，④規制対応，⑤登記・申請，⑥証拠調査・保全，⑦弁護士相談・紹介，⑧法令・判例調査，⑨労務／HR，⑩監査サービス，などである。

　前節で説明したとおり，法務部門の業務については，契約に関するプロセスの効率化が一番望まれる上に，ITに対する期待度が高いといえる。ここからは，契約に関するリーガルテックに絞って説明を進める。システム活用による契約締結プロセスは**図表9-8**のとおり各作業に分類され，それらのプロセスで発生した情報を蓄積し，企業内での契約ノウハウが共有され，さらに新たな契約作成時に過去の契約から適切な契約書を作成することになる。

図表9-8 システム活用による契約締結プロセス

① 契約書作成・審査（ドラフト提案）　② 社内決裁・社内稟議（ワークフロー）　③ 契約書サイン・締結（電子署名）
④ 契約書保管・管理（契約管理データベース）

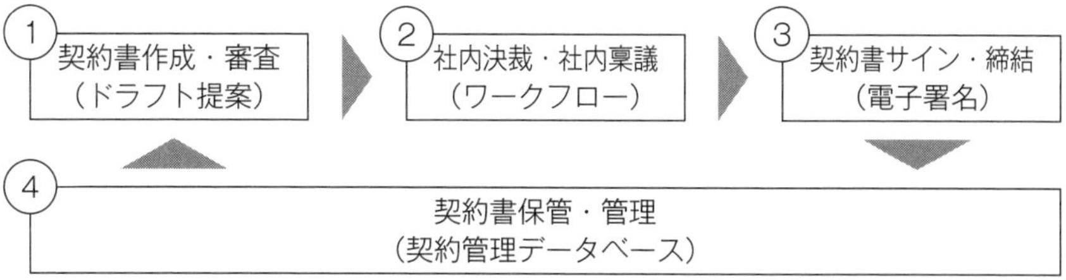

それぞれのプロセスについてシステム面を概観していくとする。

3.1　契約書作成・審査

契約は，あらゆる企業活動の根幹であり，新規の契約の獲得および，既存の契約の更新はすべての社員にとって重要なものである。一方，契約書となると，「各条項の内容が理解しにくい」，「法務部門が専門的に扱っている」というイメージを持っている社員も多い。法務部門に所属している社員においても，様々な経験を通して各契約書の作成・審査を行っているが業務が属人化しがちである。また，経営の視点からは，過去に締結した契約を正確に把握している担当がいない上に全体管理できておらず，リスクの全体像が見えづらい傾向がある。つまり，客観的に把握することや，すべてのナレッジを組織として共有化できていない状況ともいえる。

近年，自然言語処理技術が向上している。デジタル契約書（PDFの画像ファイル）に特化したOCR（Optical Character Recognition）技術を活用することで，高い精度で文字に直すことができ，自動的に様々なタグを付けて整理・分析をすることができる。例えば，「契約先：○○○社，契約分類：知財関連，契約締結日：202X年XX月XX日，契約期日：202X年XX月XX日，解約条件：△△△…」などの情報がシステムに格納され，横断的な検索，全体で見える化，アラーム管理などができる。

さらに，契約データをナレッジに変換することで，契約業務全体の効率化，契約交渉や法務リスクの分析においても正しく迅速な意思決定が行えるようになる。また，過去の契約の累積や一般的な契約事例を同時に蓄積することで，契約書を作成する際に適切なひな型をシステムから提案することもできる。一方，法務部門には沢山の契約書審査依頼が届くが，こちらもAI技術を活用することで，自動的にある程度の審査が可能となる。業務量の多い均一的な契約書については，より生産性の改善に貢献できるし，業務量は少ないが契約内容を磨く必要のある個別の契約書については品質チェックの向上につなげることができる。

3.2 社内決裁・社内稟議

　業務上で承認が必要となる場合に承認者や合議者（決裁者が決裁の承認・否認を判断する上で，必要な意見を提示できる者）に回議（担当者や責任者が作成した議案や申請を関係者間で順次回送し，意見を求めたり許諾を得たりする手法）して承認を得ることを社内稟議という。契約書締結に際して承認が必要になった場合，社内稟議を回して，リアルの会議を開催することなく意思決定を行えるようにすることである。一般的には，決裁を回す，稟議を回すと呼ぶことがあるが，承認権限を持っている人が単独の場合は決裁を回す，複数いる場合は稟議を回すと定義する。

　これまで，決裁や稟議といった一連の作業は，書面でのやり取りが一般的であり，起案から承認までに時間を要し，意思決定に時間がかかるという課題があった。例えば，担当者が稟議に関する文書を作成後，課長に押印してもらい，部長は出張で不在，部長が帰社するまでの間は待機するということもある。また，テレワークへ移行したことにより，しばらくオフィスへの出社予定がなければ，そもそも承認を得ることも難しい。

　そのために，ペーパーレス化の動きや働き方改革の一環として，電子決裁・稟議のためのワークフローを導入することで承認までのスピードが向上することになる。他にも紙の印刷代，印刷した書類を管理するファイルや保管スペース，印刷や保管をする人件費などが削減できるメリットもある。そしてプロセスがすべてデジタル化されることで，いつ，誰が，どのような所見を持ち反対・賛成をしたのか履歴が管理され，過去の決裁内容の検索も容易となる。

　決裁・稟議システムを構築する上でのポイントは，決裁規程の整備，組織図に対応した承認ルートの定義である。決裁を起案する際に，起案者が迷うことなく決裁の分類を選択でき，その分類に応じた決裁者や合議者がシステムで自動的に判別することでユーザインターフェースの易しいシステムとなる。契約書の締結に関して言えば，契約書の添付や合議者に法務部門の担当者・責任者が自動的に設定されることが望ましい。承認者や合議者にとっては，アラートによる稟議タイミングの通知，複数の稟議者が同時に参照や更新ができる仕組みを必要とする（**図表9-9**）。

図表9-9 社内決裁システムのイメージ図

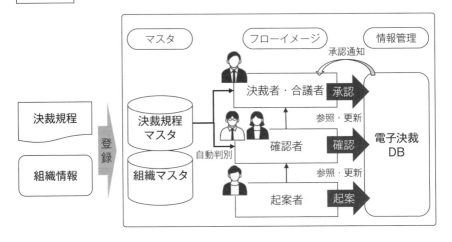

3.3 契約書サイン・締結

電子署名サービスを活用した契約書の締結は，インターネット上で契約当事者が契約文書の内容を確認し電子署名を付与するプロセスとなる。新型コロナウイルス感染症対策として，国をあげてのテレワークの推進が望まれる中，「脱ハンコ」「ペーパーレス」の必要性が出てきた。日本に根強く残る押印の商習慣がその障害となっていたが，緊急事態宣言を境に，テレワークの導入を進める上で，契約書などへの押印の廃止と電子署名サービスへの完全移行を目指す企業が加速度的に増加した。

この電子署名サービスを導入した場合，図表9-7で説明した紙ベースのプロセス課題が解決し，下記(1)～(3)のメリットが得られる。書面契約と電子契約における違いは**図表9-10**のとおりである。

(1) 契約締結スピードの向上

紙の契約書作成時の印刷～製本～押印～郵送までのプロセスにかかる作業時間，移動時間，待機時間の一切がなくなり，電子契約であれば締結までに数分，待ち時間を入れても数時間で完了する。

図表9-10 電子契約と書面契約の違い

	電子契約	書面契約
形式	電子データ	紙の文書
押印	電子署名	押印または署名
送付	インターネット	送付・持参
保管	サーバ	書棚・倉庫
印紙	不要	必要

(2) セキュリティの強化

　押印の場合，印影からだけでは誰がいつ押印したのかがわからない。さらに誰かがプリントした印影を利用している可能性もある。電子契約であれば，電子署名とタイムスタンプによる証跡が残る。

(3) コスト削減

　契約書の郵送コストはもちろんのこと，紙の印刷費用，製本に係る人件費も削減される。また，電子契約の場合は印紙税法で定められている「課税文書の作成」行為が行われていないため印紙税が不要となる。

　電子署名の方法は，「当事者署名型」と「事業者署名型」の2つのタイプがある（**図表9-11**）。

図表9-11 電子署名のタイプ：当事者署名型と事業者署名型

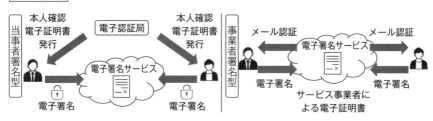

　当事者署名型は，署名者本人が第三者機関である電子認証局から身元確認のための電子証明書を得る必要がある。このタイプの電子署名がなされている文書には，本人が署名したとの高度の信頼が与えられる。ただし，導入面において，自社側だけでなく相手側も電子証明書の取得が必要となり，費用も高くな

ることから，導入ハードルが高くなるという特徴がある。

　事業者署名型は，電子署名サービスシステムから署名者あてに文書確認用の
URLをメール送信，署名者がシステム内で文書内容を確認・承認したことを
受けて，電子署名サービス事業者名義の電子証明書で機械的に電子署名を行う
ことになる。本人確認をメール認証で行い，第三者機関による電子証明書の取
得が不要なため導入が容易であるといえる。

3.4　契約書保管・管理

　締結した電子契約書の保存や検索など管理を補助するサービスが該当する。
契約書の内容をシステムが読み取り，自動で分類し，期限管理やタグ付けなど
を行う。これまで，契約書作成・審査〜社内決裁稟議〜契約書締結までのプロ
セスにおけるシステム面の概観を説明したが，これらのシステムと契約書保
管・管理システムとの連係も柔軟にできる仕組みもある。API（Application
Programming Interface）という技術を用いて，周辺システムと連係し，契約
に関する情報を一元的に契約管理システムで保管することも可能となる。

　電子契約書を契約管理システムで保存する場合，下記の2点を考慮する必要
がある。

　1つ目は，電子署名サービスを提供している企業は複数あり，どの電子署名
サービスを利用するかは取引先の意向で決まるということ。つまり，取引先ご
とに利用する電子署名サービスを使い分ける必要があり，最終版の電子契約書
を一元的に自動的に管理できる仕組みが必要であるということ。

　2つ目は，電子契約を導入する際は，「電子計算機を使用して作成する国税
関係帳簿書類の保存方法等の特例に関する法律」（電子帳簿保存法）に遵守す
る必要があること。締結された契約書は，電子帳簿保存法上の「国税関係書
類」に該当する。電子帳簿保存法の要件として，契約データは「取引先」「取
引年月日」「取引金額」の条件を基礎として検索できる状態で保存される必要
がある。

　電子契約書を導入した場合，紙でファイリングしただけの状態や事務所の
ファイルサーバに保管している状態から，リモートワークでも必要な情報を検
索し閲覧でき，さらに更新期限管理なども自動化される。また，文書ごとの閲
覧権限を組織ごと役割ごとに割り当てることも可能となり，契約情報に対する
アクセスを厳格に管理できる。

契約書管理の情報が充実していくと，前記3.1節で説明したとおり，契約書を作成する際の提案やAI技術を活用した審査の効率化が図れる。そして，電子契約書の最終版データが自動的に契約管理システムに流入するため，電子契約が普及すればするほど，契約書の最終版を網羅的・集約的に管理することが容易になる。したがって，契約のライフサイクル全体をカバーした情報マネジメントが可能となるといえる。

4　パナソニックグループにおけるリーガルテックの取り組み

これまで説明したとおり，契約締結のプロセスが法務部門にとっては重要な業務であり，効率化，共有化，プロセスの見える化を行っていく必要がある。パナソニックグループの契約プロセスのイメージは**図表9-12**のとおりであるが，①契約検討〜⑥期限管理までをカバーする必要があり，**図表9-13**の記載のとおりシステムごとに事例内容を紹介する。

図表9-12　契約プロセスイメージ

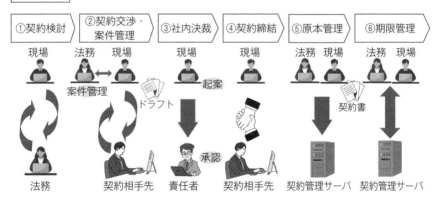

パナソニックグループの法務関連システム例

電子決裁	決裁規程をマスタ化することで，起案時に決裁者・合議者・回議者等を自動セットし，決裁願を回議・承認することができるシステム。
電子署名	電子文書（契約書など）を作成後にデジタルで署名を行う。契約締結者がクラウド上で電磁的に契約締結などを行うシステム。
契約管理	契約書作成の審査や作成完了に至るまでの検討履歴を管理する機能と契約締結完了した契約書を保管する機能を合わせたシステム。

4.1 電子決裁システム

　今では多くの企業が「脱ハンコ」「ペーパーレス」を推進するためにワークフロー・システムを導入しているが，パナソニックグループでは，2010年から電子決裁システムを自社開発して利用開始した。グループ企業内のある法人からスタートしたシステムではあるが，システム改修を繰り返しながら100部門以上に導入した。グループ全体で統括し，重要テーマを稟議するための決裁規程もあるが，法人ごと，部門ごとに決裁規程も存在しているため，1つのシステム基盤上でユーザニーズに柔軟に対応できるアプリケーションを開発する必要がある。そのためにもシステム基盤を共通化，組織に応じてマスタ設定やアプリケーションの設定を柔軟にできるようにしている。

　パナソニックグループのシステム基盤にPA基盤というものがある。PA基盤には，ハードウェアやミドルウェアを統合化，アプリケーションの稼働監視・運用の一元化を行い，システム制御に必要な認証・負荷バランス・セッション管理や，アプリケーションに必要な帳票・ワークフロー・バッチ等を一元的に制御できる機能を備えている。

　電子決裁システムも，PA基盤上の1つのアプリケーションとして構築している。PA基盤上にある他のアプリケーションで利用している部品やデータを再利用できるために，ユーザニーズや組織変更処理に柔軟に対応できる仕組みとなっている。また外出先でも承認処理が行えるよう，スマートフォンやタブレットといったモバイル端末からも利用可能となっている（**図表9-14**）。

図表9-14 電子決裁システム利用イメージ

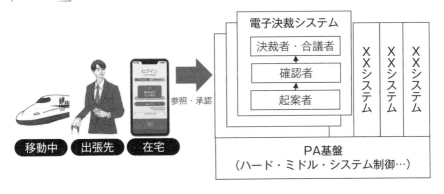

4.2 電子署名システム

　電子署名システムは，様々なシステムが各社から提供されており，すでに多くの企業が導入している。パナソニックグループにおいても2020年から電子契約の締結のために利用しているが，導入を決めてから契約相手先との調整も含めて約2か月程度で利用開始している。これだけの短期間で導入を進めることができたのは，①SaaSの仕組みを利用した導入であること，②特定の事業部門にモデルとなってもらい運用面の課題を洗い出してもらえたこと，③取引量の多い特定の相手先に協力していただいたこと，などが挙げられる。このような導入方法は特に，利用ユーザ数が多い場合に有効である。

　多くの企業がサービスを展開している中，プロセスとしてはシンプルであったため，機能面での差異はほとんどない。このシステムをグループ共通基盤として利用するにあたり，次のような視点で選定した。①グローバル利用可否，②権限制御の柔軟性，③利用実績，④コストである。特に，①グローバル利用可否については，単に言語だけでなく，契約に関しては国ごとに準拠すべき法的要件が異なるための調査も必要である。

　電子署名システムの利用イメージは**図表9-15**のとおりである。①事前に契約書を作成，②システムにログイン・起案，③画面を確認しながら署名箇所の定義，④メール受信と署名依頼，⑤起案者・受信者への契約書配布後に保管，のプロセスを進める。電子署名システム内で監査レポートが作成されるが，前記3.3節で説明したとおり，事業者署名型の電子証明を行うことになる。

　また，システム利用に際しては，次のような業務運用面の検討を必要とする。

①契約署名者（代行者）が契約書名義に署名する場合の運用，②契約書の署名を契約主体者である事業部門から署名者へ依頼する方法，③電子帳簿保存法を考慮した契約書の保管場所，④部門関係者への説明と運用マニュアルの作成，⑤取引先への協力依頼と操作方法の説明，⑥署名者の実績が確認できる一覧の作成と提示方法である。

| 図表9-15 | 電子署名システムの利用イメージ |

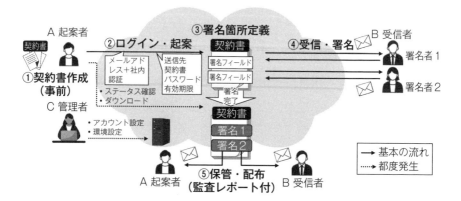

4.3 契約管理システム

　契約管理システムには大きく2つの機能を保持している。契約書作成の審査や作成完了に至るまでの検討履歴を管理する機能と契約締結完了した契約書を保管する機能である。過去，法務部門への相談管理・担当割当のための管理システムを利用していたが，2023年から抜本的に契約管理のプロセスについて見直しを実施し，新たなシステムを導入した。このシステムもSaaSのシステムを活用して，企画から導入完了まで約1年という短期間で導入した。

　システムの利用イメージは**図表9-16**のとおりである。契約審査の機能については，法務部門と契約締結を希望している事業部門とのやり取りを管理して，契約相手先との交渉経緯や関連資料を一元管理できるようにした。法務部門としては，過去事例から類似する契約を検索でき，契約文言の適切な選別が行え，付加価値の高い契約締結の提案を法務部門から事業部門へ行うことができるよう環境を整えた。

　契約管理の機能については，締結済みの契約をシステムに登録し，言語処理

技術により台帳管理を支援している。事業部門で登録した契約書を一元化でき，法務部門・事業部門ともに検索が可能となっており，契約更新の手続きについてもアラート機能で通知できるため，契約リスク発見・低減が図れている。

　ここまで法務部門の重要な業務である契約プロセスを中心に説明をしてきたが，今後，社会における企業法務の役割はますます大きくなると想定される。また，リーガルテックサービスが急速に進んでおり，AI技術を活用した契約書の自動翻訳システムなどは，すでにかなり高い精度で実現されている。契約書の内容についてもAIがリスクを指摘して，代替案を提示するシステムが実用化されている。このような専門領域における業務とIT環境の大きな変化を踏まえて，今後はシステム提案・構築・導入方法をさらに学んでいただきたい。

| 図表9-16 | 契約管理システム利用イメージ |

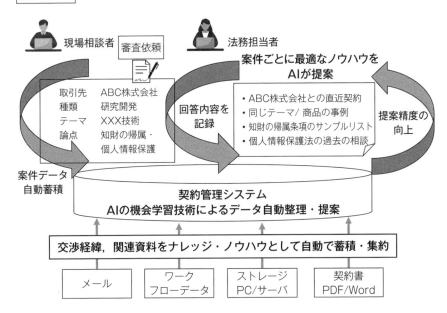

参考文献

- 佐々木毅尚［2021］『リーガルオペレーション革命─リーガルテック導入ガイドライン』商事法務。
- 出澤秀二・丸野登紀子・大賀祥大［2022］『ストーリーでわかる！ 法務部の仕事12か月』学陽書房。
- 登島和弘［2021］『ここからはじめる企業法務』英治出版。
- 長島・大野・常松法律事務所，MNTSQ（株）編［2020］『LegalTech』金融財政事情研究会。
- FRONTEO編著，弁護士ドットコム（株）・櫻庭信之著［2020］『リーガルテック活用の最前線─AI・IT技術が法務を変える』ぎょうせい。
- 米田憲市編，経営法友会法務部門実態調査検討委員会著［2022］『会社法務部〔第12次実態調査の分析報告〕』商事法務。

 学習課題

1．法務分野におけるIT活用が進んできている背景について述べよ。
2．今後のリーガルテックの発展についてどのようなことが考えられるか述べよ。

情報システム業務

1 情報システム業務の概要

本章では，情報システムを**図表10-1**のとおり，「IT（Information Technology：情報技術）を駆使して企業内の業務やビジネスに貢献する仕組み全般」と位置付けて説明する。

情報システム部門はITを駆使してシステム化，およびシステム運用を担う部門である。とはいえ，稼働するシステムを作り，動かしさえすれば成り立つようなものではない。システム化といってもその対象とするビジネス領域ごとに実に様々な知識や技術を要する。そのような中において共通していえることは，システム化することは利用者に「利便性や付加価値を提供する」という点である。これらの取り組み全般を担当しているのが情報システム部門である。

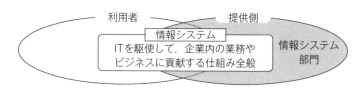

図表10-1 情報システムとは

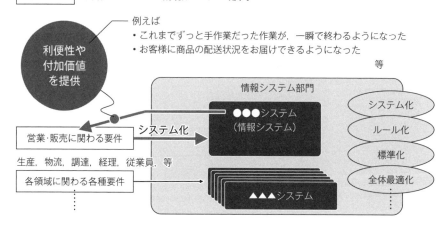

図表10-2 情報システムと情報システム部門

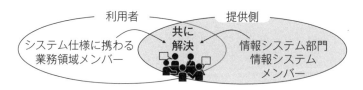

図表10-3 情報システム部門と利用者の関係

　実際のビジネス現場での要件は多種多様にあり，**図表10-2**のとおりシステムもそれら要件の塊ごとに存在しているケースが多い。

　また複数のシステムを総称するものも，これまたシステムと呼ばれることが多い。情報システム部門は，これら複数のシステムに関わる様々なビジネス領域の現場課題や改革要件を，システム化やルール化・全体最適化を持って，**図表10-3**のように業務を遂行するビジネス領域メンバーと「共に解決」してい

くミッションを担っている。

2　システム開発の全体概要

ここからはシステムを開発する工程とその役割内容について述べていく。

2.1　システム企画

アプリケーションであれインフラストラクチャー（以下，インフラ）であれ，何かをつくるあるいは改良するといった最初の段階で「企画」という工程が設けられる（ふとしたアイデアから生まれる発明はこの類とは異なるものとする）。

これは例えば何かを行おうとする際に，おぼろげながらも頭の中で構想してから行動に移すのと基本的には同じである。ただ，頭の中で考え続けるだけでは，他の関係者と齟齬なく推進できる保証は全くない。だからこそ，ビジネスの世界では，構想を企画書というエビデンス（証跡）に整理することで，後続の取り組みにつなげるのである。

次にその企画した「モノづくり（開発・構築）」に取りかかるためには誰もが組み立てる方法や順番を考えると思われる。IT構築においても同じことで「設計」と呼ばれる工程で仕様書（あるいは設計書）を証跡化し，「開発」という工程でそのものをつくりあげる。

ここまでの流れを図式化すると**図表10-4**のとおりとなる。

| 図表10-4 | 開発までの流れ |

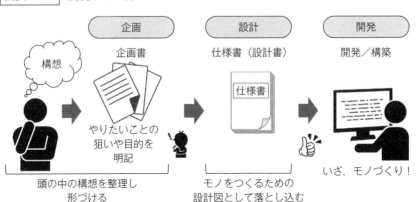

これらの取り組みは規模が大きくなればなるほど工程や担当が役割分担される。以降は，システム開発各種工程の流れと内容について記していく。

　システム開発の大枠は**図表10-5**に記す構図となるが，まずはこの中のシステム開発プロジェクトの各種工程とプロジェクト活動について説明する。

図表10-5 システム開発に関わる代表的な工程と役割

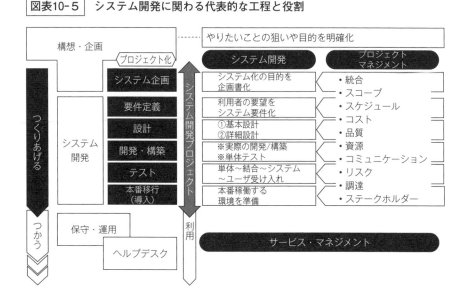

2.2　システム開発に関わる代表的な工程

⑴　システム企画

　システム企画工程とは，システム開発のライフサイクルプロセスにおける1番目のプロセスである。経営の目的や目標を達成するために必要とするシステム化の方針と，そのシステムを実現するための実施計画を得るプロセスといえる。システム企画の工程の存在意義は，図表10-4で示したとおり「やりたいことの狙いや目的を明記」して以降の工程につなげることにある。この始まりの段階で関係者間の認識にずれが生じると，実際にシステムを利用し始めたのちに投資対効果が感じられなかったりすると「今まで何をしてきたのだろうか」という状況に陥りかねない。

　大きなシステムであればあるほど，その企画から導入までに多くの時間と費

用や労力を費やす。どれだり臨機応変に軌道修正を伴うような進め方を取る場合であっても決してぶれてはいけないもの，それが，「狙い」と「目的」である。

ここに「目標（効果指標）」が加わると，より完成度が高まる。

ここで注意すべきは，「目的」を手段と混同してしまうケースである。例えば，「これまでの自社構築のシステムを，クラウドサービス活用に変える」といった表現が目的として記載されていたとする。これで，システムに携わる関係者・利用者に劇的に良い変化が伴えば結果に満足する。しかし，入力工程がとても煩雑になってしまった場合はどうだろうか。例えば，もともとは24時間いつでもシステム利用できるようにしたかったとする。そのための手段としてクラウドサービスを活用することを選ぼうとしていた場合，狙いは「時間と場所を選ばないワークスタイルの柔軟性向上」と設定。そして目的を「シンプル操作で24時間いつでもどこでも利用」としておけば，少なくとも操作面で課題があるサービスは採用しない，もしくは簡易操作画面を設けるなどの対策が施されたのではないだろうか。

図表10-6上段に示すように，狙いと目的が明快で，振り返った際も成果を共有できる状態であってこそ，取り組んできた意義や価値観が皆で分かち合える。

しかし図表10-6下段にあるようにそもそも何を目指してシステム化する（あるいはシステム刷新する）かを曖昧なまま進めてしまうと，結果として成果そのものが曖昧になりかねない。このような結末を回避するための要素は，

| 図表10-6 | 企画段階で「狙い」と「目的」の設定が重要である理由 |

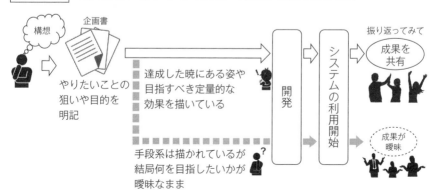

この企画段階にある。

図表10-6上段では「効果を定量的に示す」という過程を踏むことがポイントであることを示している。例えばビジネス上の目的が「入力オペレータの労力の半分を受付窓口にまわし顧客対応度を向上させる」であった場合は、システム企画における目的は「平均40分かかっている受付完了までの時間を20分以内とする」や、「入力ミスに伴う返品率を半減（50％減）させる」となる。

このように定量的に目指す効果を示しておけば、目的達成に向けた検証過程が丁寧に盛り込まれることにもつながる。

図表10-6の上段につながるか下段にいってしまうかは、このような目的の設定段階に大きく左右される。

(2) 要件定義

要件定義工程とは、システムの仕様やシステム化の範囲と機能を明確にし、システム化を要求する側とそれを請け負う側との間で合意するプロセスである。

ここからは実際のモノづくり（システム開発）において具体的な取り組みを示していく。

この工程で大切なことは**図表10-7**にあるとおり、双方の合意形成を図ることである。これはビジネス現場側の表現をシステム設計に要する表現に置き替えることである。また、実際の整合段階の会話の中には現れにくい「非機能要件」と呼ばれるものにも注意が必要である。「機能以外の全ての要件」と位置

図表10-7 要件定義

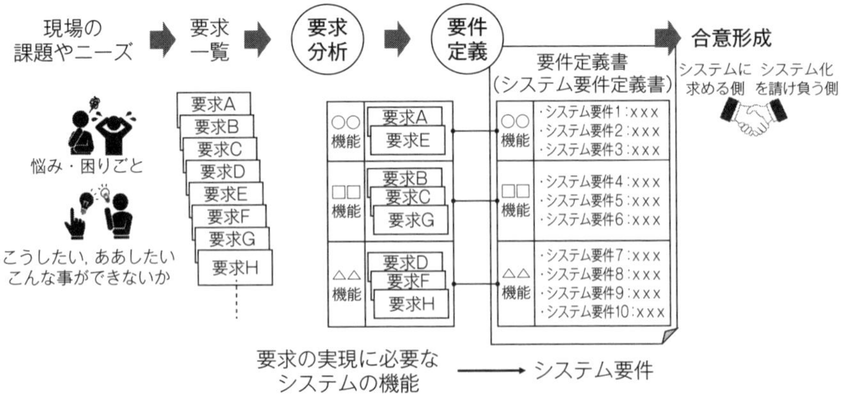

現場の課題やニーズ → 要求一覧 → 要求分析 → 要件定義 → 合意形成

悩み・困りごと
こうしたい、ああしたいこんな事ができないか

要求A／要求B／要求C／要求D／要求E／要求F／要求G／要求H

○○機能：要求A／要求E
□□機能：要求B／要求C／要求G
△△機能：要求D／要求F／要求H

要件定義書（システム要件定義書）
○○機能：・システム要件1：xxx／・システム要件2：xxx／・システム要件3：xxx
□□機能：・システム要件4：xxx／・システム要件5：xxx／・システム要件6：xxx
△△機能：・システム要件7：xxx／・システム要件8：xxx／・システム要件9：xxx／・システム要件10：xxx

システムに求める側　システム化を請け負う側

要求の実現に必要なシステムの機能　→　システム要件

付けられる非機能要件だが，少々わかりにくいだろうからいくつか例を挙げておく。

（非機能要件例）

- 機器障害が発生しても絶対に機能を止めてはならない
  → 対策：二重化構造で耐障害性を高める
- レスポンスはかなりシビアに要求される
  → 対策：機器のスペックを高めておく，分散処理を施す等

このような事例を含めて，非機能要件には「機能性」「信頼性」「使用性」「保守性」「障害抑止性」「技術要素」などの各種要素が関係する。

要件定義の段階でこれら非機能要件も確認し合うことは，設計や最終的に要する費用に対して「こんなはずではなかった」といった事態を防ぐ効果がある。

図表10-8では，機能要件と非機能要件を分類整理し，要件定義書としてエビデンス化するまでのイメージをまとめている。

これら上流工程を蔑ろに進めてしまうと「言った・言わなかった」という押し問答につながりかねない。

よって，図表10-8右側の要件定義書というエビデンスに落とし込み，合意形成しておくことが大切なポイントとなる。

図表10-8　機能要件と非機能要件

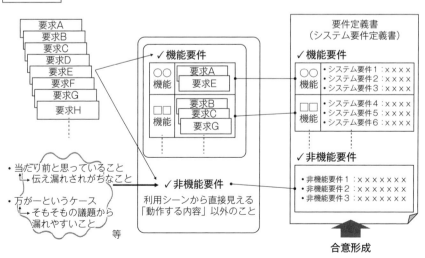

この工程がプロジェクトの成否に大きく関わるからこそ，システム要件として正しく導くべき情報システム関係者は，相手の潜在的な要望を引き出すまでのコミュニケーション力を発揮する必要がある。

これら要件定義の過程で要求をうまく引き出しきれなかった場合，その影響はかなり後の工程で発覚することになる。

まずは**図表10-9**に，開発工程とテスト工程の対応関係（「Ｖ字開発モデル（またはＶ字モデル）」）を示す。

図表10-9 Ｖ字開発モデル

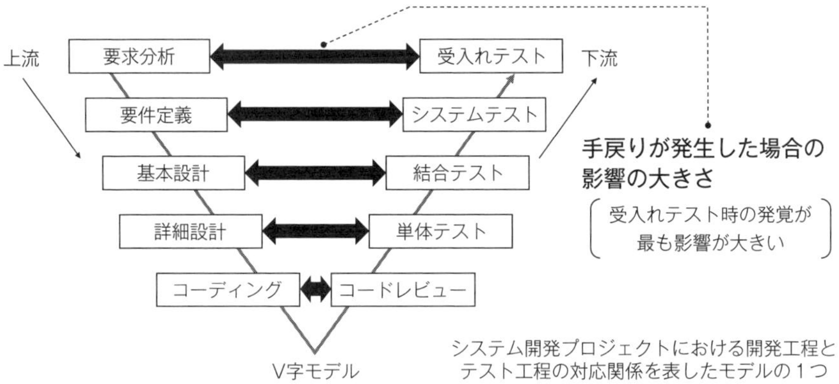

上流

| 要求分析 | ⬌ | 受入れテスト | 下流
要件定義	⬌	システムテスト
基本設計	⬌	結合テスト
詳細設計	⬌	単体テスト
コーディング	⬌	コードレビュー

手戻りが発生した場合の影響の大きさ

受入れテスト時の発覚が最も影響が大きい

Ｖ字モデル

システム開発プロジェクトにおける開発工程とテスト工程の対応関係を表したモデルの１つ

「要求分析」「要件定義」でのミスは，テスト工程の最後に当たる「受入れテスト」や「システムテスト」で判明する。ここで設計の根幹を揺るがすような不具合が見つかると，プログラマーが汗水流して組み上げたプログラムを一からやり直すような事態になりかねない。こうなると，当初予定していたシステム稼働日程が遅れたり，予算オーバーになってしまったり，様々な問題が生じてしまう。要件定義という工程に，システム開発に携わる者が最も神経をとがらせる理由がここにある。

これらＶ字モデルを軸として各フェーズを時系列に遂行する開発手法を「ウォーターフォール開発」と呼ぶ。今の時代，Ｖ字モデルなど古いという人がいるのも事実である。そこには，昨今の企業競争を生き残るには今まで以上のスピードが不可欠という背景がある。IT側にはこれら背景に対応すべく，開発の工程を短期間に区切り反復を繰り返す「アジャイル開発」という開発手

法があり，迅速に経営に貢献する術を持つ。それぞれの時間軸の使い方は**図表10-10**のイメージのとおりである。

| 図表10-10 | ウォーターフォール開発とアジャイル開発 |

ウォーターフォール開発の方が適しているのは，日頃の業務においてすでにオペレーションが定着しているシステムのリニューアルに代表される。このような背景に，実装する機能の調整に大勢のステークホルダーが関係する場合や，現行踏襲に重きを置くといった条件が加わると，合意形成までに丁寧に時間をかける必要が生じる。よって，要件定義と次項に述べる基本設計で全体像を固めるウォーターフォール開発が適しているといえる。

一方，これまでに無い発想や目的に対してアプローチする場合，すなわち要件が漠然としていて全体像が明確でない場合には，アジャイル開発は最大限に力を発揮する手法といえる。

アジャイル開発は，開発サイクルを短期間に分けて繰り返し，素早さをもって開発するという目的があり，変化する顧客の要望を素早く取り入れるという特徴を持つ。このように短い間隔による開発工程の反復や，その開発サイクルをイテレーションと呼ぶ。

また，アジャイル開発には「スクラム」や「XP：eXtreme Programming」といった複数のアプローチ手法が存在する。

「スクラム」は，チームによるコミュニケーションを推進の軸とし，反復期間中は要件変更を受け入れないことが基本にある。一方，「XP」は顧客も含めた協働アプローチが特徴とされている。このようにアジャイル開発には多様なアプローチ手法が存在するが，素早く開発するという目的はどのアプローチ手

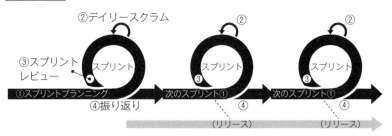

図表10-11 アジャイル開発［スクラム手法］の工程

②デイリースクラム

③スプリント
レビュー

スプリント

①スプリントプランニング

④振り返り

②

スプリント
③

次のスプリント①

④

②

スプリント
③

次のスプリント①

④

（リリース）

（リリース）

※スクラムでは，スプリントごとにリリースしなければならないといった決まりは無いので，
　事業規模が大きいケースでは広告宣伝やメジャーアップデートのタイミングに合わせることも多い。

法であっても共通である。

　顧客へのサービス提供や業務を軸とする企業の多くでは，スクラムが普及している。スクラムでは，イテレーションに相当する一定量の作業，例えば「ショッピングカートの数量を追加，削除，更新する機能を実装する」といった短く区切られた作業期間をスプリントと称しており，各スプリントは４週間以内で構成される。スクラム手法の工程は**図表10-11**のとおりである。

　スクラム手法の習熟度が高くないメンバーで始める場合のスプリント期間は，状況が確認しやすく修正も効きやすい１週間が望ましい。いずれにしても，その期間やゴール設定はスクラムチームで相談して決めることとなる。スクラムチームの構成は**図表10-12**のとおりである。

　図表10-11で示したスプリントプランニングでは，先に記した「ショッピングカートの数量を追加，削除，更新する機能を実装する」や，「送り先情報を登録できるようにする」といったスプリントゴールを設定し，デイリースクラムで進行状況確認やプロダクト上の問題確認等を行う。デイリースクラムやスプリントレビューでの意思決定は，決定権を持つプロダクトオーナーが担う。

　以上のように，ウォーターフォール開発とアジャイル開発のアプローチは全く異なるものである。下流工程ではじめて良し悪しが見えてくるウォーターフォールの進め方は古いと言い切る者がいる。しかし，たとえ工程を短く区切っても，その１つひとつの開発サイクルの中では，詳細設計に相当する内容の検証は単体テストで，要件定義に相当する内容の検証はシステムテストといった，Ｖ字モデルに示される上流工程と下流工程の関係性は存在している。

　開発手法は新しい／古いではなく，求められる背景や目的に応じて選定すべ

| 図表10-12 | スクラムチームの構成 |

ステークホルダー

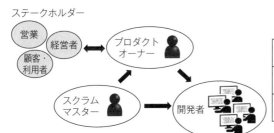

プロダクト オーナー	ビジネス面での 意思決定者
スクラム マスター	チーム開発の プロセス管理者
開発者 （複数名）	システム開発者

きものである中，要求に対して成果を出すための共通する手法としてV字モデルを理解しておくことがポイントとなる。

(3) システム設計

　システム設計工程とは，要件定義工程で定義／整合されたシステム要件をもとにシステムの機能を確定する基本設計，さらには基本設計工程で定義された要素の仕様や動作の詳細を開発側の視点で設計を行う詳細設計，それらを合わせた工程のことである。

　それぞれの設計工程の目的は以下のとおりである。

【基本設計（概要設計あるいは外部設計とも呼ばれる）】

　基本設計は，要件定義工程で定義・整合されたシステム要件をもとにシステムの機能を確定する設計工程である。利用者の立場から見た業務機能を中心に設計を行うことが目的で，サブシステムの定義と機能分割，論理データモデル設計，画面・帳票・コードの設計などが実施される。

【詳細設計（内部設計とも呼ばれる）】

　詳細設計は，基本設計工程で定義された要素の仕様や動作の詳細を「システム上でいかに効率よく動作させるか」というシステム開発側の視点で設計を行う工程である。

　詳細設計では，プログラマーが詳細設計のアウトプット（詳細設計書）を見て開発着手できるレベルに落とし込む上で，以下の作業が実施される。

- 基本設計で示された機能を，プログラム単位に分割する。
- 基本設計で示された論理データを，具体的なファイルやデータベースへ変換する。

- 基本設計で示された画面・帳票の形式的な設計を基に，出力条件やチェック条件を詳細化する。
- 内部処理手順を詳細化する。

ポイントとすべきは，何故2段階に分けられているかという点にある。

システム化の要求を出す側と擦り合わせを要するのは「基本設計書」である。

図表10-13の左側で関係が示されているとおり，要件定義で擦り合わせた内容を実装したシステムの姿を整合するためのエビデンスである。同時に，詳細設計に落とし込むための概要が示されるものという関係がある。

図表10-13 基本設計と詳細設計の関係

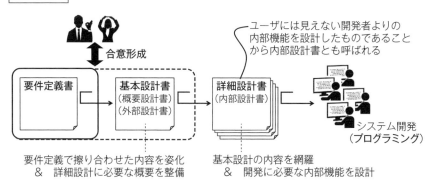

この「基本設計書」がしっかりしていれば，ここから先を外部発注しても手戻りのダメージを最小限に抑えることができるといえる。

次に詳細設計（内部設計）は，図表10-13右側の関係にあるとおり，基本設計とプログラミングとの間に位置し，それぞれの内容を結び付ける役割を担うものである。よって，根幹である基本情報を網羅したものでなければならない。

基本設計書をもとに，プログラミングを行うエンジニアに向けて「機能をどのように実装するのか」という設計を行う工程であり，詳細設計書を見ただけでエンジニアがプログラムを組めるよう，非常に細かい部分まで落とし込む。システムに求める側の利用者からは見えない部分の設計を行うことが「内部設計」とも呼ばれる所以でもある。

⑷ プログラミング（あるいはコーディング）

　プログラミング工程とは，使用するプログラミング言語の文法やコーディング規約に従い，目的処理のためのプログラム（ソースコード）を作成する工程のことである。

　例えば，「買い物かごに入れられた商品の代金を算出する」という目的を処理させるには，何が選ばれたかをコンピュータに教え，その単価を導き，数量を教え，計算させる必要がある。このように，目的を実現するための手順を作成しコンピュータに命令するプログラムを作成する。それがプログラミングである。その際，デバッグと呼ばれるプログラムの誤りを見つけ手直しする作業や，後々別の人がメンテナンスすることまでも考慮し，シンプルで理解しやすい構造に仕上げることが大切となる。

⑸ テスト

　テスト工程とは，プログラムが正しく動作するか，目標とした品質に到達しているか，意図しない動作はしないかを確認する作業のことである。

　例えば，プログラミングを行いその動作検証までを実施する3名（Aさん，Bさん，Cさん）がいるとする。各人は自分でコーディングした機能の動作確認はできる。その次には，AさんとBさんが作った機能がきちんと連携されるかを確認したい。さらにはCさんの機能も含めてシステム全体の動作検証を行う必要がある。このように「テスト」といっても段階的な役割がある。

　それぞれの役割をV字モデルと共に示したのが**図表10-14**となる。

　これら各種テストは，要件定義や設計の工程に照らして役割が異なることを理解することがポイントとなる。各テストの関係は次のとおりである。

図表10-14　各種テスト工程の役割

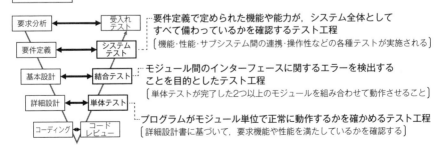

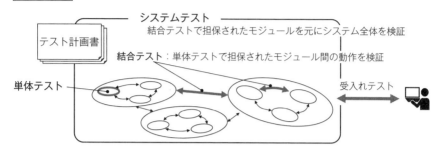

　図表10-15に示すとおり，それぞれのテスト工程は，その前工程で動作・品質が担保されていることを前提としている。では，システムテストの段階で本来は結合テストで見つけておかねばならなかった欠陥（バグという），ましてや単体テストでの欠陥が混ざっているとどのような事態となるか。まずはその不具合の箇所を特定し，結合テスト段階の甘さから発生しているとなれば，改修後には関係する結合テストすべてをやり直す必要がある。もしも結合テストに不備が見当たらない場合は単体テストまで遡ることとなり，解決に至るまでの解析の難易度は高まり，対処に要する時間と工数は計画した時間・コストに対して３倍あるいはそれ以上に膨らむこともある。

　だからこそ，それぞれのテスト段階での役割と責任を明確にして，段階ごとに担保された品質を積み重ねていくことが，品質の高いシステムを作り上げていく上で大事なこととなる。

(6)　本番移行（導入）

　本番移行工程とは，開発されたシステムを本番環境に移して，利用者が実際に使い始める状況を作り上げるための工程のことである。

　この工程は，作り上げるシステムの環境や特性によって，若干捉え方が変わってくる。

　システム稼働後に何か不都合な事象が生じても，修復するまでの猶予を与えてもらえる状況であれば，開発した環境を直接本番として利用するケースもあるであろう。このような場合では本番移行として特段の作業は要しない。

　しかしこれまで活用していたシステムから刷新後のシステムに切り替える場合はどうだろうか。この場合，日常の業務の中で時々刻々と蓄積・更新される

データ（トランザクションデータ）を，通常のシステム停止期間（限られた時間）の中で，刷新後のシステムに反映させた上で，システムをオープン（本番稼働）する必要がある。顧客情報や価格情報といったシステムが稼働する上で基礎となるデータ（マスターデータ）もまた同様である。ここで何かミスが生じたままシステムを稼働させると，たちまちトラブルの混乱に見舞われる。また，膨大なテストを積み重ねた後でも移行後の稼働検証も欠かせない。これらが本番移行工程を要する理由となる。

システム企画から本番移行まで，以上のような多段なる工程を経て，システムは開発される。

2.3　プロジェクトマネジメント

「プロジェクト」とは，「独自のプロダクト，サービス，所産を創造するために実施される有機的な業務」と定義されている。平たくいえば，始まりがあって終わりがあるものである。

何故，プロジェクトマネジメントが大事なのか。その意義について共有を図ることを目的に以降説明する。

企業における情報システムの開発は「つくれば良い」ということでは決してない。これには，組織として取り組んでいる以上，予算や期限の制約は避けられないことが主たる理由にある。それだけに，実際の開発/構築取り組みと並行してQCDと呼ばれる３つの要素，「品質（Quality）」「費用（Cost）」「納期（Delivery）」を中心に管理することが不可欠である。

システム開発とプロジェクトマネジメントの関係は**図表10-16**のとおりとなる。

だが規模が大きく，第三者も交えてプロジェクト推進するケースでは，「何を気にしておくべきか」「どうであれば危険な状態と判断するか」「定量的な管理指数などを用いて，何をもって完了とするか」などを示し，共有しておく必要がある。

気にすべき例としては，仕様決めした後に言った言わないという可能性が高い領域はどこかといったリスクや，本番稼働の前にはモデル導入を設けることで実質的な納期は前倒しになるといった制約条件などが相当する。危険な状態とは，コストが超過する，想定どおりの品質に達していない，あるいは新しいシステム操作に対する習熟レベルが達していない等が相当する。何をもって完

図表10-16 システム開発とプロジェクトマネジメントの関係

「2.2 システム開発」で説明 「2.3 プロジェクトマネジメント」で説明

※　PMBOK®ガイドより引用，第7版では表現が大きく変更されているがここでは敢えて体系的に
イメージしやすい第6版の知識体系を参考に記載

了とするかは主にフェーズの完了条件と次フェーズの開始条件，あるいは本番
導入後の見届け完了条件などが相当する。

　これらの管理を行わない状態は，納期や予算が守れるか否かが見えないまま，
霧の中を航行するようなことを意味する。そのような状態を回避し，プロジェ
クトを成功へと導くためのマネジメント技法として，プロジェクトマネジメン
トは存在する。

　この領域の知識体系としてデファクトスタンダードとなっているのがアメリ
カのプロジェクトマネジメント協会（PMI）によって策定されたプロジェクト
管理に必要な知識を体系化したフレームワークであり，PMBOK（Project
Management Body of Knowledge：ピンボック）と呼ばれるものである。

　PMBOKは，プロジェクト資源を適切に管理し最大限の結果を実現するため
のポイントがまとめられており，プロジェクトマネジメントにおける事実上の
標準として世界中で広く受け入れられている。

　自社でプロジェクトマネジメント体系を整えている企業の多くは，この知識
体系がベースになっているといえるであろう。

ではここまでの体系を整えたら本当にプロジェクトをマネジメントできるのかといえば，必ずしもそうとはいえない。

「プロジェクトは生き物」だとよくいわれるのだが，ビジネスの実践現場というものは，机上の理論どおりにはいかないことばかりである。

しかしそれら解決策の1つに，プロジェクトのマネジメントを支援する仕組みというものがある。それが，PMO（Project Management Office）という機能（組織体）である。

各社現場での呼び名は様々かもしれないが，PMOはプロジェクトに関連するガバナンスやプロセスを統率するプロジェクトマネージャーを補佐する役割がそれに当たる。とても複雑であるケース，巨大すぎて1人では目を行き届かせることが困難なケースでは，PMOが大いに活躍する。

PMOはプロジェクトマネージャーと共に，QCDを達成し，プロジェクトを成功させるという共通のゴールに向き合う関係にある。

PMOの形態は様々であるものの，主に以下のような役割を持つものとして理解して欲しい。

- 各プロジェクトの内容を可視化して分析／管理／共有する。
- プロジェクト内（あるいはプロジェクト間）の手法／技法／ツールの共有を促す。
- プロジェクトマネジメントのガバナンス策定・施行する。
- プロジェクトマネージャーやメンバーを支援する。

2.4　情報システム部門のその他の役割

本章ではシステム開発を中心に取り上げているが，情報システム部門の役割はさらに広い。

システム開発（アプリケーション開発）に技術観点で対比するのがインフラである。アプリケーションを動作させる環境がインフラの領域であり，扱うサーバやストレージ，ルータといった機器類の故障や想定外の挙動といった事象発生が避けて通れない。ネットワーク環境を含めたこの領域でリカバリに手間取る不測の事態が発生すると，アプリケーションへの影響，すなわち利用への影響に直結する。それがアプリケーションとインフラの関係である。

次に，時間軸で対比するのはシステム運用（サービスマネジメント）である。システム開発工程の完了は，利用者にとってサービス利用開始を意味する。

サービスマネジメントの領域にはISO/IEC 20000として国際規格が存在し，この規格に相当する内容を実践する上で「ITサービスマネジメントシステム（IT Service Management System：ITSMS）」という仕組みも存在する。

　ITSMSとは，サービス提供者が，提供するITサービスのマネジメントを効率的，効果的に運営管理するための仕組みである。

　情報システム部門はこの他にも，「調達機能（ハードやソフト，開発／運用のパートナーの調達）」，「品質関連機能（品質保証や品質管理）」，「情報セキュリティ管理機能」といった開発と運用を支える機能を担っている。

3　パナソニックグループの情報システム

3.1　システム開発プロジェクト

　パナソニックグループの情報システム部門の歴史は古い。1959年には電子計算機を導入，1984年には社内内線電話の全国網開通など，産業界でも当時先進の取り組みを進めてきた。それらは基本的に社員自らによって運用され，自社データセンター構築やグローバルネットワーク構築のもと，その土壌で事業の競争力につなげるべく新たなシステムを構築してきた。つまりは歴史とともに内製力を高めてきたことになるが，本章で述べた「システム企画」「システム開発」「プロジェクトマネジメント」はそれら歴史における実践の繰り返しのなかで，様々な成功体験と教訓の双方をもとに取り組みの姿を変えてきた。

　特に昨今は，テスト段階での検証考慮漏れを無くすべく，成功への本質論にこだわったレビューと実践に進化している。プロセスやルールに重きを置かれることが多くなりがちな表面的なマネジメントではなく，上流工程から下流工程まで，プロジェクトの成功に拘って議論や検証，時に軌道修正を行う。それがパナソニックグループ流のシステム開発プロジェクトのスタイルといえる。

　また，図表10-17に示すように，業務現場の声と正面から向き合い変革推進を担う業務WG（Working Group：利用部門と情報部門に属する業務革新推進部隊にて編成）と，着実なIT具現化を担う開発WG（情報部門），そして経営層が三位一体となりプロジェクトを推進することで，チャレンジに伴う壁を乗り越える運営をもって，巨大プロジェクトを成し遂げてきた。

図表10-17　パナソニックグループにおけるシステム開発プロジェクト

３．２　IT戦略実行テーマ化

　持株会社制であるパナソニックグループの情報システム機構は，**図表10-18**のとおり，グループCIO（Chief Information Officer）を代表とする各社CIOを軸に構成されている。

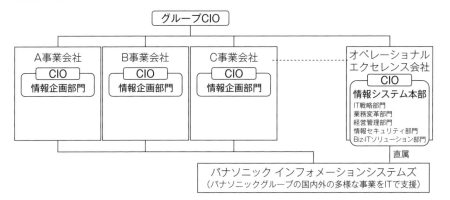

図表10-18　パナソニックグループの情報システム部門構成

　IT戦略テーマに関わるシステム開発プロジェクトの始動は，グループCIOをはじめとする意思決定機構にて迅速に判断される。おおよその流れは**図表10-19**のとおりである。

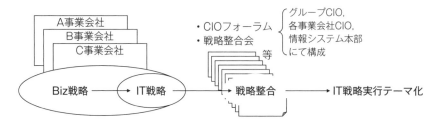

　各事業会社のビジネス戦略を起点に，各事業会社CIOが描くIT戦略が迅速に共有されスピード感を持って実行化されていく。システム化の前には，業務現場のプロセスの現状を把握し，標準化の範囲を明確にする。そのためにも，標準化の定義を明確にし，経営者がコミットする。経営者がデータの利活用と業務プロセスに責任を持つという原則のもと，IT戦略実行テーマが遂行されていく構図である。

　IT戦略実行テーマ，すなわちシステム開発プロジェクトでは，対象とするシステムだけでなく，関連するシステムやサービスとの連携や運用課題などを含めた全体像を考慮した上で，戦略に基づく実装方法が計画され，システム開発が行われる。開発手法やシステム構成，およびプラットフォームを視点とした各種システムの構成関係は**図表10-20**となる。

　図表10-20で示しているのは，「ベストハイブリッド」という基軸である。

　1つのシステム名で呼ばれるものでも，その構成や開発手法は巧みにハイブリッドに構成されていることが多い。それら各種システムを支えるプラットフォームもまた，様々な構成を維持し運営し続けるために，「進化（ニーズ先取りや新たな技術取り入れ）」と「安定運用」を両立させるベストハイブリッドに常にチャレンジし続けている。システム開発は，小規模改善や企画中を除いて，年間でおよそ50〜60（含む段階的Step）のプロジェクトが活動している。**図表10-21**にてプロジェクト概要の例を示す。

図表10-20 各種システムの構成関係

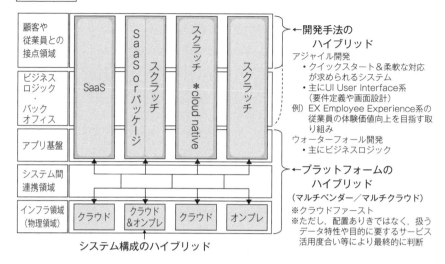

システム構成のハイブリッド

図表10-21 主だったプロジェクトの概要

プロジェクト	Step1までの 開発期間 / 工数	特徴
調達受発注 システム構築	16か月 / 約800人月	SAPとスクラッチのハイブリッド構成 ＊主に発注・会計系：SAP, 　主に受注系：スクラッチ
HR：Human Resource系 システム構築	6か月 / 約30人月	UIデザインを中心とした要件定義工程をア ジャイル開発としたハイブリッド開発
グローバル財務 プラットフォーム刷新	17か月 / 約600人月	SaaS活用とスクラッチのハイブリッド構成 ＊主要機能：SaaS, 周辺機能：スクラッチ

3.3　IT変革の取り組み

　市場の進化は著しく激しい。歴史と共に進化し続けるシステム開発もまた，その波に取り残されることなく，さらに数歩進んでおかねばならない。

　そのような中，パナソニックグループでは，「PX：Panasonic Transformation」と呼ぶ組織変革とIT変革の両輪を推進している。

　ITの変革に関しては，アプリケーション，データ，インフラ，SCM（サプライチェーン管理）をそれぞれ見直すことを目的としているが，これはIT関

係者だけで取り組めることでは決してない。真新しい企業でこれからすべてを整えていくというケースでない限り，経験や教訓の積み重ねで改良されてきた社内の業務システムは，組織や商習慣，業務プロセス，人のマインドセットなどが，過去のしがらみ的な要素も含めて反映しているものである。それらに手をつけず，システムだけを綺麗にすることは到底できない。よって，両輪での推進が大切であり不可欠でもある。

「PX」とは，"デジタルと人の力で「くらし」と「しごと」を幸せにする"をスローガンに，経営・事業部門とITが一体となり進めている取り組みである。

📖📖 **参考文献** ────────────────────────

- 情報処理推進機構［2023］「情報処理技術者試験 情報処理安全確保支援士試験 試験要綱 Ver.5.0」。
- PMI日本支部［2018］『プロジェクトマネジメント知識体系ガイド（PMBOKガイド）〔第6版〕（日本語）』。
- PMI日本支部監訳［2023］『プロジェクトマネジメント知識体系ガイド（PMBOKガイド）〔第7版〕＋プロジェクトマネジメント標準』。

🔍 **学習課題** ────────────────────────

1. システム企画からシステム設計までの工程において考慮すべき点を3点以上，理由と共に述べよ。
2. プログラミングから本番移行までの工程において考慮すべき点を3点以上，理由と共に述べよ。
3. プロジェクトマネジメントにおいて考慮すべき点を3点以上，理由と共に述べよ。

第11章

パナソニックグループのDX事例

目標とポイント

◆パナソニックグループでのDX活動は，DX白書に定義されている内容全般にわたって取り組みが行われている。

◆製品や，サービス，ビジネスモデルを変革する取り組みについては，本書の各章で書かれている内容となる。

◆DXで重要となる企業文化・風土の変革取り組みについては，アジャイルセンターを活動拠点としてグループに展開する取り組みを行っている。

　IPAのDX白書2021によると，DXは，「企業がビジネス環境の激しい変化に対応し，データとデジタル技術を活用して，顧客や社会のニーズを基に，製品やサービス，ビジネスモデルを変革するとともに，業務そのものや，組織，プロセス，企業文化・風土を変革し，競争上の優位を確立すること」と定義している。

　これによると，DXで取り組む内容は，①製品やサービス，ビジネスモデルを変革する，②業務そのものや組織，プロセスを変革する，③企業文化・風土を変革する，の３つに分けられる。この区分けに従ってパナソニックグループではどのような取り組みが行われているのかを述べる。

1　パナソニックグループのDX取り組みの全体像

　パナソニックグループでは，DXの取り組みを「パナソニックグループ全体を変えていく」活動として，PX（パナソニックトランスフォーメーション）

と呼んでいる。PXは、「事業の競争力強化に向けて、働き方・ビジネスを変革。経営のスピードアップを目指します。」と定義している。また「お客様、お取引様、従業員に、ITによる本質的な価値を提供、経営に直接貢献」をミッションとしている（**図表11-1**）。

本書の各章で記述しているPX事例は、②の「業務そのものや組織、プロセスを変革する」取り組みとなる。①の「製品やサービス、ビジネスモデルを変革する」取り組みについては、パナソニック コネクト株式会社の子会社であるブルーヨンダー ホールディング株式会社が提供するSCMや物流の効率化サービスが先行しており、③の「企業文化・風土の変革」に対しては、仕事をアジャイルで変革する取り組みが挙げられる。

| 図表11-1 | PX取り組みの考え方 |

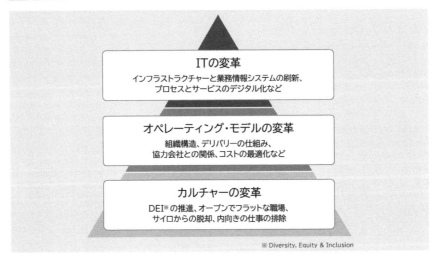

出所：パナソニック ホールディングス

2　業務と組織，プロセスを変革する事例

生産管理、調達、経理の各業務で、PXに取り組んでいる内容について述べる。

2.1　生産管理のPX

　PXでの生産管理の取り組みは，生産管理システムをグローバルで，SAP
S/4 HANAに置き換える取り組みである。パナソニックグループでは，生産
管理システムは，過去からパッケージソフトのSAPを活用していた。しかし事
業部による生産方法の違いや，SAPの機能不足により多くのカスタマイズを
行ってきた。このためパッケージのバージョンアップに対応するには，導入し
た事業部ごとに1つひとつ対応することが必要となり，多くのコストと期間を
有することとなった。

　そのため，生産方法の違いを，大ロットで少ない品種を生産する方式と，小
ロットで多品種を生産する方式に整理統合し，それぞれの業務処理をテンプ
レート（決めた業務でSAPのパラメータ登録したもの）としてまとめることで，
システム導入のスピードとコストの削減を可能にした。導入する事業部は，今
まで使っていたSAPでの仕事の流れを，新しいSAP S/4でのテンプレートの流
れと比較し，フィットギャップ分析（自部署の業務がテンプレートの業務に適
合しているか，していないか）を行う。ギャップ（適合していない）がある業
務については，今までの業務処理を，テンプレートに合わせるように変更する
（**図表11-2**）。

図表11-2　SAP S/4 HANAとのフィットギャップ分析

フィットギャップ分析～標準化

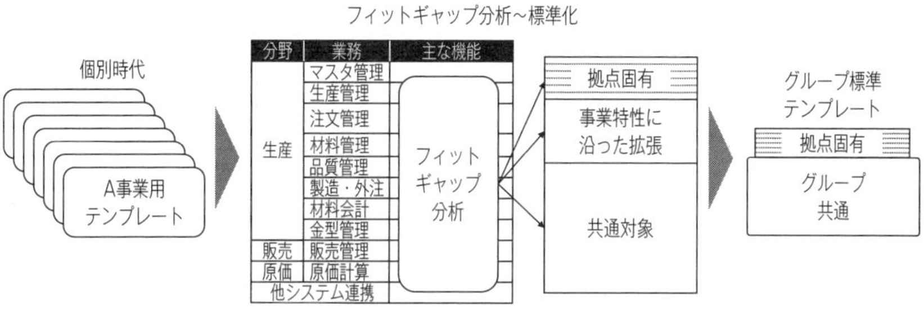

テンプレートを整理統合するメリットは，以下の4点になる。

① 　業務プロセスを統合する過程で，現在の業務プロセスの無駄な点が明確
　になり，効率化されコストの削減ができる。

② 　生産管理業務を一元化することで，工場別に配置していた人員を集約す
　ることができるようになる。また，複数工場の生産管理オペレーションを

統合センターで運用することができるようになる。

③　購買業務が統一できるようになり，集中購買により部材の購入コストを削減できるようになる。

④　工場ごとに分かれていた生産管理業務を統一することで，業務の改善を行ったときに，すべての工場に適用でき，効果金額が大きくなる。

さらにSAP S/4 HANAを導入することで，クラウド活用という情報システム開発のDXも実現することになる。以前のSAP R/3は，自社のコンピュータセンターにサーバを設置して運用する必要があった。このため，システムの規模により，サーバサイズを決めることや，安定運用のためにバックアップのサーバを用意するなど，多くの工数とコストをかける必要があった。

これを解消したのが，SAP S/4 HANA クラウドである。クラウドで稼働することが可能になったため，サーバサイズを利用規模の変動に応じて自由に変更することができる。また必要に応じてバックアップシステムも用意できるようになった。これによりシステム運用の工数とコストが大幅に削減できる。

クラウドもSAPが提供するクラウド以外にAWSやAzureからも選択できるようになっており，パナソニックグループにとっても全社のインフラ戦略との親和性が高くなっている。現時点では，AWS上にSAP S/4 HANAのテナントを構築している（**図表11-3**）。

図表11-3　**自社センターからクラウドへ移行**

自社データセンター

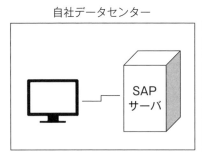

クラウド移行

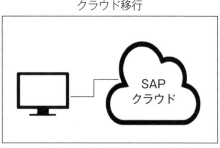

2.2 調達業務のPX

　調達業務におけるPX事例は，調達業務と設計業務をつなぐプロセスをIT化することで，製品の原価を低減することである。具体的には，新商品開発時の設計過程で，調達部門が推奨している部品を簡単に利用できるように，調達部門が保有する部品のデータベースと設計者が利用するCADを連携するシステムを開発することである。

　本書第5章に書いているように，調達部門の契約業務では，汎用的に使われる複数の部品を1つの部品に集約して，コストを削減しようとしている。これまでは，集約した部品の新旧対比表を作って設計者にフィードバックしていた。しかしながらこの方法では，新商品設計時に使うCADの部品データを設計者が修正しない限り，調達部門が推奨する部品に切り替わらない。設計者は忙しいので，修正処理が遅れコスト削減がなかなか進まないことが課題であった。

　これを解消するのが，調達部門の部品データベースとCADの部品データベースの連携システムである（**図表11-4**）。

| 図表11-4 | 部品データベースとCAD部品データベースの連携 |

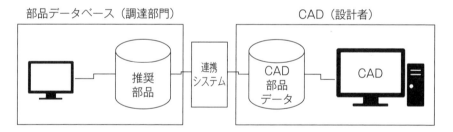

　このシステムにより，CADの部品データが自動で更新され，すべての部品が調達部門の推奨部品に切り替わるので，材料調達の合理化が進むことになる。

　部品は，常にスペックが更新され，部品メーカによって価格も変更される。そのために推奨部品の情報は，常に最新に更新しておき，最も安価なものを推奨部品としておく必要がある。そのために必要となる情報は，担当者が部品メーカのカタログやWebサイトを随時検索して集めている。この方法では，担当者を部品メーカ別に分けて常に情報収集のために従事させておく必要があるため，コストがかかり，最新の情報にするための時間もかかる（**図表11-5**）。

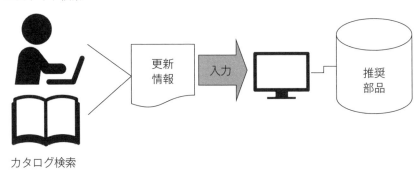

このプロセスを変革するために，部品メーカのWebサイトの情報を随時自動検索するクローリングシステムを導入している。クローリングシステムにより，部品情報の収集の効率化と情報の更新タイミングが圧倒的に短縮された（**図表11-6**）。

図表11-6 部品情報のクローリングシステム

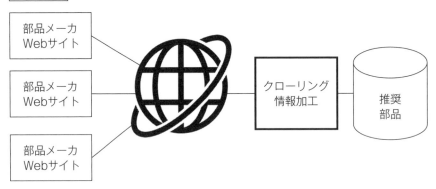

2.3 経理業務のPX

経理部門のPXの取り組みは，事業会社ごとに行われていたオペレーション業務を1つの組織に統合することと，事業会社ごとに分かれていた経理システム機能を統合することの2つの取り組みを行っている。

経理オペレーション業務は，事業会社の経理オペレーション部門と経理オペレーションを請け負うパナソニック フィナンシャル＆HRプロパートナーズ株式会社で行われていた。

顧客への請求書の発行や伝票の仕分け処理などは，経理制度面では同一ルールとなっているが，事業を行っている業界や顧客のニーズにより，運用の違いが出ていた。そのため，本来は，パナソニック フィナンシャル＆HRプロパートナーズでオペレーション業務の集中化を行っているが，どうしても集中化できない事業会社があった。

しかしながら，これから予測される業務人材の不足への対応とオペレーション費用の削減を目的に，いままで集中化できなかった事業会社についても，集中化することをPXの取り組みで意思決定した（**図表11-7**）。

図表11-7 経理オペレーション業務の統合

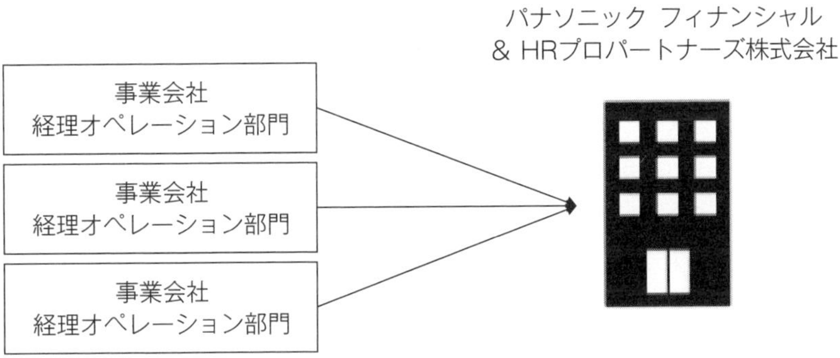

パナソニック フィナンシャル
＆ HRプロパートナーズ株式会社

そのために，分かれていた業務プロセスを見直し，統合するプロジェクトが現在取り組まれている。合わせて情報システムについても新しく開発されることとなり，それが，第7章「経理・財務業務」で書かれているXSAS（経営管理システム）の取り組みである。

3　製品やサービス，ビジネスモデルを変革する事例

　パナソニック コネクト株式会社では，「現場プロセスイノベーション」と呼ぶDXビジネスを行っている。企業のビジネス現場で発生する課題を，パナソニック コネクトが持っているハードウェアとソフトウェアの技術を使い，解決していくビジネスである。

3.1　物流現場プロセスイノベーション
　企業の物流現場は，労働人口の減少とECの普及による物流量の増加で，作業量が増えており，生産性の向上が必要となっている。パナソニック コネクトでは，生産性を改善するための多くのソリューション（システム）を提供している。

(1)　物流センターの作業生産性向上
　作業現場には，
- 多くの作業があり，作業のバラツキや滞留で無駄が発生している。しかしながらその実態を定量的に把握することができない。
- 無駄の撲滅や改善のために作業分析をしたいが，ノウハウがない。
- 作業のプロセスに基準値がない。

などの問題があることが多い。

　これらの課題を解決するためのソリューションとして，現場作業の可視化ソリューションがある。このソリューションは，監視カメラを設置して，監視カメラから送信される作業データをAI解析ソフトで解析した後にBIツールに取り込み作業分析を行うことで，作業の課題個所を可視化できる。BIで可視化した課題個所を改善することで，現場作業の生産性を向上することができる（図表11-8）。

図表11-8 作業工程記録ソリューション

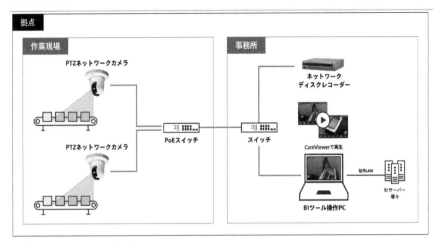

出所：パナソニック コネクト

(2) 配送の効率化

　配送の要となるトラック運転手不足への対応は，物流業界にとって最も重要な課題となっている。トラック運転手は，顧客との接点となることから信頼関係を保つためにも，配送の品質，特にトラックの到着時間の遵守は重要となる。

　そのために，トラックの運行状況のリアルタイム管理が必要となる。交通渋滞などの道路状況の変化への対応や，顧客からの納品時間の変更などへの対応は，人手で行うことは難しいので，ITでの対応が必要となる。

　パナソニック コネクトが提供するトラックの運行状況のリアルタイム管理システムは，ドライバーが持っているスマートフォンやPDA（SIMカードが付いた情報携帯端末）などから位置情報を収集して，クラウドサーバにある地図情報に現在配送している地点と時間をリアルタイムに表示することで，「何時にどの配送先へ到着する」と決めている配送計画との差異を把握できるようになっている。

　このソリューションにより，トラックがどの位置を走っているのかが，顧客からもわかるようになり，遅れが発生した場合は，速やかに対応できるなどの効果が生まれ，顧客との信頼関係も深まることになる。

3.2　サプライチェーンの革新ソリューション

　製造業が，商品を生産するための部材を調達し，工場で生産した後に顧客へ届けるまでの，サプライチェーン全体をマネジメントすることは，重要な課題である。また，企業にとって材料や商品の在庫を極小化することは，キャッシュフロー経営を実践するための第一歩である。しかし昨今の世界情勢により，部材の仕入れに遅れや品切れが発生しているため，材料をジャストインタイムで調達することが難しくなっている。

　顧客へ商品を届けるために，材料をどのタイミングでどれだけ調達し，そして何時どれだけ商品を生産すべきかを意思決定するために利用するソリューションが重要となっている。

　パナソニック コネクトは，サプライチェーンマネジメントを最適にするソリューションを提供している。このソリューションはAI・機械学習機能を活用してサプライチェーンの意思決定を自律的に行うことができる機能が備わっている（**図表11-9**）。

図表11-9　サプライチェーンマネジメント最適化ソリューション

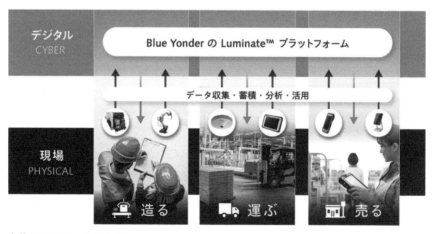

出所：パナソニック コネクト

　主な機能は次のとおりである。
- S&OP（販売・業務計画）として，サプライチェーン上のあらゆる変動要因をリアルタイムに連携させ，設定した売上，コスト，利益率を実現す

るための柔軟な計画立案，変更ができる。

● 供給計画として，生産や流通のネットワーク全体を鳥瞰して，適切な在庫を配置することができる。また在庫切れを最小限に抑え，サプライチェーンの在庫回転率を最大限にすることができる。

● 在庫最適化として，オムニチャネル（実店舗やネット店舗を同一に扱う）を視野に入れて，競争力を高めるための在庫戦略と実行を生産，流通，サービス全体で進めることができる。

4　企業文化・風土の変革事例

　パナソニック オペレーショナルエクセレンス株式会社（PEX）は，パナソニックグループに経理，人事，ITなどのオペレーションサービスを提供している。現在，この会社の中にアジャイルセンターを立ち上げ，アジャイルな組織変革を実践している。このセンターでは「アジャイル実践塾・道場」と呼ぶ取り組みを行っており，PEXの各部署から人材を集め，アジャイルな仕事の変革活動を行っている（図表11-10）。

図表11-10　アジャイルセンターの活動

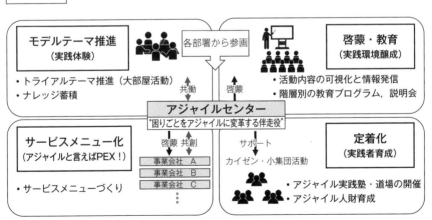

アジャイル手法は，情報システムの開発手法で，開発プロセスを一方通行的に一度で終わらせるのではなく，関係者で，何度も開発プロセスを繰り返すことで，システム機能をレベルアップしていく方法である。

　この活動は，アジャイルという方法論を展開するのではない。アジャイル開発の本質である，メンバーの力を合わせて問題を解決しようという意識を醸成するための組織構成メンバー間でのコミュニケーションの強化とそれによる信頼関係の構築，そしてその結果として成果が出ることを，体感することである。アジャイルセンターの道場では，活動の本質を理解したメンバーが，それぞれの部署に戻り，組織・風土の変革の取り組みを行っている。

 参考文献

- IPA独立行政法人情報処理推進機構［2021］「DX白書2021」IPA独立行政法人情報処理推進機構。
- 井上英明［2022］「「社員は優秀だけど楽しそうじゃない」，パナソニックHDはアジャイル道場で覆せるか」『日経XTECH』。
- 玉置亮太・山端宏実［2022］「パナソニックはパナソニックを変革できるか，アジャイルで挑む100年分の『重力』」『日経XTECH』。
- パナソニック ホールディングス株式会社ホームページ
  https://holdings.panasonic/jp/corporate/about/dx.html（2023年3月15日参照）
- パナソニック コネクト株式会社ホームページ
  https://connect.panasonic.com/jp-ja/（2023年3月15日参照）
- パナソニック コネクト株式会社ホームページ
  https://connect.panasonic.com/jp-ja/products-services_video-security_operational-engineering#description（2023年3月15日参照）
- パナソニック コネクト株式会社ホームページ
  https://connect.panasonic.com/jp-ja/blueyonder（2023年3月15日参照）

 学習課題

1. DX活動における取り組み内容を3つ挙げなさい。またその取り組み事例を調査してまとめてみよう。
2. DXを実現するためのITソリューションの役割について述べなさい。

索 引

【編著者紹介】

津田　博　　　　　　　　　　　　　　　　　　　　序章

大阪経済法科大学　経営学部　教授
博士（経営情報学），技術士（情報工学部門）
1979年〜2002年民間企業勤務
2004年〜2007年滋賀県総務部IT推進課
2007年〜2010年福井県総務部情報政策課（CIO補佐）
2010年〜2012年近畿大学経営学部准教授
2012年〜2021年近畿大学経営学部教授

中川　隆広　　　　　　　　　　　　　第1，2，3，4，6，11章

大阪経済法科大学　経営学部　教授
博士（政策科学）
1986年〜2014年松下電工株式会社（2003年よりパナソニック電工株式会社）
2014年〜2021年パナソニック株式会社情報企画部部長
2021年〜2022年3月パナソニック株式会社情報戦略部部長

【執筆者紹介】

川島　秀之　　　　　　　　　　　　　　　　第2章
パナソニック オペレーショナルエクセレンス株式会社
情報システム本部　業務変革部　部長

沖汐　良和　　　　　　　　　　　　　　　　第4章
パナソニック インフォメーションシステムズ株式会社
エグゼクティブフェロー

中辻　一成　　　　　　　　　　　　　　　　第5章
パナソニック インフォメーションシステムズ株式会社
製造SCMソリューション本部　調達ソリューション事業部　事業部長

尼子　喜健　　　　　　　　　　　　　　　　第5章
パナソニック オペレーショナルエクセレンス株式会社
グローバル調達本部　間接材調達センター　所長
中小企業診断士

大北　浩之　　　　　　　　　　　　　　　　第6章
パナソニック オペレーショナルエクセレンス株式会社
物流本部　国内物流企画部　部長

礒井　正義　　　　　　　　　　　　　　　第7, 9章
パナソニック オペレーショナルエクセレンス株式会社
情報システム本部　経営管理システム企画部　部長
中小企業診断士

藤井　康昌　　　　　　　　　　　　　　　　第8章
パナソニック インフォメーションシステムズ株式会社
コーポレートソリューション本部
人事・業務改革DXソリューション事業部
業務改革DXソリューション部　部長

山田　栄次郎　　　　　　　　　　　　　　　第10章
パナソニック インフォメーションシステムズ株式会社
IT戦略推進室　室長

パナソニックに学ぶIT業務システム入門

2024年2月1日　第1版第1刷発行

編著者　津　　田　　　　博
　　　　中　川　隆　広
発行者　山　本　　　継
発行所　㈱　中　央　経　済　社
発売元　㈱中央経済グループ
　　　　パ ブ リ ッ シ ン グ

〒101-0051　東京都千代田区神田神保町1‐35
電話　03 (3293) 3371(編集代表)
　　　03 (3293) 3381(営業代表)
https://www.chuokeizai.co.jp
印刷／三英グラフィック・アーツ㈱
製本／有 井 上 製 本 所

© 2024
Printed in Japan